현대인들은 경쟁이란 끝없는 전쟁 속에서 살아간다. 분명 경쟁자란 나에겐 벅차고 위협을 주는 존재임에 틀림없다. 하지만 단지 부담을 준다는 이유로 계속 외면하진 않았는지 반성해본다. 본문 중 나오는 〈톰과 제리〉의 캐릭터를 통해 나 자신을 다시 한번 돌아보는 기회를 가졌다.

○ **강양욱**, (재)아름다운가게 공익상품팀 산업카운슬러

이 책에도 나와 있듯이 우리는 스트레스와 함께 살아간다. 이 스트레스를 잘 다스리지 못하면 고스란히 마음의 병으로 연결된다. 저자는 캐릭터라는 재미있는 소재를 통해 마음의 건강을 다스리는 법을 소개한다. 이 책을 다 읽고 저자가 제시하는 방법들을 실천하다보면 마음이 점점 더 튼튼해질 것이다.

○ **김원희**, 사회복지사

어린 시절 늘 곁에 두고 함께 시간을 보내던 친숙한 캐릭터들로부터 끌어내는 메시지 속에 '나'와 '타인'에 대한 지혜들이 가득하다. 다소 어려운 개념은 따로 풀어서 설명해주고 핵심도 짚어주고 있어서, 타인에 대한 이해가 부족하고 한창 자신의 정체성 찾기를 하고 있는 10대들에게 좋은 삶의 지침서가 될 것이다.

○ **박선주**, 부천 부곡 중학교 교사

저자는 인간관계에서 발생하는 여러 갈등관계에 대해 캐릭터를 통한 독특한 접근방식으로 그 해결책을 제시하고 있다. 이를 실천으로 옮기다보면 보다 즐겁고 건강한 인간관계를 누리는 자신을 발견하게 될 것이다.

○ **신희옥**, 소니코리아㈜, HR Division 과장

캐릭터는 애들만 좋아하는 것이라는 편견을 갖고 있었다. 하지만 애니메이션 〈뮬란〉이나 〈톰과 제리〉 같은 만화 캐릭터들은 사실 어른이 봐도 재미있고 교훈적이다. 캐릭터를 통해 '나'를 제대로 사랑하고 타인을 올바르게 배려하기 위한 구체적인 해결 방안을 제시한 저자의 독특한 시각이 돋보인다. 책으로 만나는 캐릭터들을 통해 삶의 지혜를 한 수 배웠다.

○ **유병규**, 전자신문사 미래기술연구센터 과장

회사에서, 사회에서 성공하기 위해서는 업무역량뿐만 아니라 대인관계 역량이 좋아야 한다. 이 책은 인간관계를 좋게 하고 자신감을 기르는 방법을 우리에게 익숙한 캐릭터를 통해 쉽고 재미있게 알려주어 우리를 성공적인 인생으로 한 발 다가가게 해준다.

ㅇ **윤은주,** 바이스도르프 그룹 니베아서울 마케팅팀 차장

캐릭터는 인간이 만든 마케팅의 도구이지만 사람들에게 즐거움을 주고 삶의 지혜를 전달하기에 더욱 매력적이다. 이런 점을 누구보다 잘 아는 저자이기에 이 책의 가치가 더욱 빛난다. 이 책을 통해 캐릭터의 여러 가지 매력에 푹 빠질 수 있다.

ㅇ **윤혜선,** ㈜바른손 경영지원팀 차장

직장생활이나 모든 현실생활에서는 언제나 복잡다단한 관계에서 선택을 통해 해결방법을 찾아야 한다. 나에게 즐거움을 주던 모든 캐릭터는 단순화된 애니메이션의 세계에서 쉬운 선택을 보여준다. 이 책이 나에게 알려 준 것은 현실을 살아가는데 어려움이란 선택이 아니라 문제와 관계를 바라보는 시선이다. 쉽게 읽을 수 있는 책을 찾다 선택했지만 많은 부분 나를 성찰하게 한다.

ㅇ **이미정,** ㈜스터디맵 마케팅기획부 과장

저자가 본문에서 언급했듯 '우리는 사랑받기 위해 태어난 존재'다. 하지만 소중한 자신을 제대로 사랑하는 법을 잘 모르는 경우가 참 많다. 이 책은 재미있는 소재인 캐릭터를 통해 자신을 사랑하는 법을 알게 해준다. 다 읽고 나면 분명 자신이 '꽤 괜찮은 사람'이었다는 사실을 새삼 깨닫게 될 것이다.

ㅇ **이원,** 서울대학교출판문화원 마케팅팀 팀장

캐릭터 코칭

캐릭터 코칭

초판 1쇄 발행 2011년 3월 1일

지은이 유지은
편 집 하희숙
펴낸이 백승대
발행곳 매직하우스
디자인 °*design* 生活 010-3235-2062

출판등록 2007년 9월 27일 제313-2007-000193
주소 서울시 마포구 서교동 393-5 화승리버텔 1005호
전화 02)323-8921
팩스 02)323-8920
이메일 magicsina@naver.com

ISBN 978-89-93342-18-5 (03300)

책값은 표지 뒤쪽에 있습니다.
파본은 본사와 구입하신 서점에서 교환해드립니다.

• 이 책의 본문에 이미지 사용을 허락해 주신 모든 관계자 분들께 감사를 전합니다. 이미지는
  본문의 내용에 이해를 돕기 위한 용도로만 사용하였습니다.

• 이 책은 2007년 발행된 『캐릭터 코칭』1000k 발행의 내용을 수정 보완하였습니다.

나를 사랑하고 타인을 긍정하는 마법

캐릭터 코칭

유지은 지음

CHARACTER
COACHING

Magic House
Open Your Thinking

나와 상대방을 사랑하는 법,
캐릭터에서 찾다!

　아주 어렸을 적, 추석이나 설날 같은 명절이면 어김없이 동네 슈퍼에는 '종합 과자 선물세트'라는 특별한 상자가 진열되곤 했다. 당시만해도 과자 선물세트는 귀한 선물이었기에 나는 그때마다 '저 안엔 과연 무엇이 들어 있을까?' 궁금했고 어린 마음에 '집에 오시는 손님이 저걸 들고 오면 얼마나 좋을까?' 하면서 무척 마음이 끌리곤 했다.

　그러던 어느 해였다. 그렇게 받고 싶었던 과자 선물세트를 한 친척분이 선물로 가지고 오셨다. 그때의 기쁨이란 지금도 잊지 못할 정도다. 그 안에는 이런저런 종류의 다양한 과자와 초콜릿·사탕과 함께 작은 '조립식 플라스틱 인형'도 들어 있었다. 그 시절만 해도 '캐릭터'라는 단어조차 생소했고 인형은 정말 귀한 장난감이었기에 그 조악한 플라스틱 인형이 얼마나 예상치 못했던 큰 기쁨을 주었는지 모른다.

행복하게 산다는 것은 무엇일까?

중요하지만 정답을 딱 꼬집어 말할 수 없는 이 명제에 대해 골몰하던 중 문득 어린 시절, 예상치 못한 상황에서 선물 받았던 '종합 과자 선물 세트'가 떠올랐고 '행복이 그 상자와 은근히 닮았다'는 생각이 들었다. 상자 안을 가득 채웠던 이런 저런 과자들과 그 다양한 맛은 우리가 삶에서 느끼는 다양한 형태의 행복감과 닮았다. 작은 조립식 인형이 선사했던 의외의 기쁨은 열심히 살아가다가 만나게 되는 행운의 즐거움과 같다. 무엇보다도 그 선물을 전해 준 고마운 이를 통해서 기쁨을 누릴 수 있었듯, 행복은 나뿐만 아니라 사람들과의 관계에서 비롯된다. 이 책에서는 그 시절 기쁨을 주었던 그 조악한 플라스틱 인형이 이제 캐릭터라는 이름으로 지혜를 전달한다.

'원인과 결과의 법칙Law of Cause and Effect'이란 것이 있다. 현실에서 경험하는 모든 문제들은 그것이 좋은 일이건 괴로운 일이건 그러한 일이 일어날 수밖에 없는 분명한 원인이 있기에 빚어진 결과라는 것이다. 따라서 어떤 일이 일어나기를 바라고 기대한다면 자신이 원하는 상황이 실현되도록 원인을 만들어내면 된다. 그렇다면 '행복한 삶'이라는 '결과'를 만들기 위해 어떤 '원인'을 대입시키면 좋을까? 이 책은 바로 그 원인을 지혜롭게 만들기 위해 '나를 제대로 사랑하고 타인을 올바르게 배려하기 위한 구체적인 해결 방안'에 대해 이야기한다.

살면서 필요한 중요한 자질을 말해보라고 한다면 나는 '자존감Self-Esteem'을 들고 싶다. 자존감을 다르게 표현한다면 '자기 자신을 제대로 사랑하는 법'이기도 하다. 이는 '살면서 부딪히는 각종 문제를 자신이 해결할 수 있다고 믿는 사람이 갖고 있는 능력'으로 자신은 행복을 누릴 가치가 있다고 믿는 경향이다. 따라서 어떠한 순간에도 자존감을 잃지 않는다면 삶은 살만하고 행복함을 느낄 수 있을 것이다.

또한 많은 이들이 인간관계를 원만하게 유지하기 위한 방안에 대해 고민할 때 상대방을 탓하고 그를 조정하려든다. 하지만 이는 잘못된 생각이다. 즐겁고 원만한 관계 형성을 위해서는 먼저 상대방의 의중을 정확히 파악하고 자신의 강점과 행동을 적절하게 통제할 수 있는 자기 감찰Self-Monitoring능력을 발휘하면 된다. 좋은 관계 만들기의 근원은 상대가 아니라 바로 나 자신이며, 원만한 인간관계를 유지하고 싶다는 바람의 더 근본적인 이유는 '내가 타인과 더불어 행복하게 살아가고자 함'이다. 따라서 나부터 개선하는 것이 훨씬 현명한 태도다.

이 책은 2007년에 출간한 『술술 풀리는 인간관계 캐릭터 코칭』의 개정판으로 좀 더 자신을 사랑하는 법, 다시 말해 자존감을 높이는 방법에 초점을 맞춰 재구성 했다. 이 책에서 말하는 메시지는 만화나 애니메이션 혹은 영화나 드라마 속 캐릭터들의 이야기와 그 캐릭터를 만든 사람들의 이야기를 모티브로 하고 있다. 따라서 관련 캐릭터를 연상하면서 실천에 도움이 되고 기억하기 쉽도록 캐릭터들의 이름을 붙여 정리

했다. 또한 크게는 '나를 소중하게 대하기', '세상과 제대로 소통하기', '나를 새롭게 만들어하기'라는 세 가지로 구성되어 있다. 이 책을 통해 나를 사랑하고 타인을 긍정하는 마법을 만나게 되길 바란다.

이번 개정판을 위해 도와주신 모든 분들께 감사의 마음을 전한다. 먼저 언제나 힘을 주시는 하느님께 감사드린다. 사랑하는 부모님과 시부모님, 언니와 형부, 그리고 재출간을 허락해주신 백승대 대표님께 감사의 마음을 전한다. 일일이 이름을 열거하진 못하지만 마음으로 응원해준 친구들과 흔쾌히 추천의 글을 써주신 모든 분들께 감사드린다. 특히 바쁜 회사 생활을 하면서도 집안일을 도와주고 격려해준 준 평생의 동반자 동석 씨에게 고마움을 전한다. 그리고 지금도 사랑하고 앞으로도 사랑할 캐릭터들아 고맙다. 너희들이 있어 행복해!

2011년, 유지은

차례

• 제1장 •
이미 괜찮은 나, 좀 더 사랑하는 법

· 제2장 ·
나를 사랑하고 타인을 긍정하는 마법의 코칭

·제3장·
마음의 능력을 키우는 심리 트레이닝

• 제4장 •
나와 세상, 여유롭고 행복하게 바라보기

이미 괜찮은 나,
좀더 사랑하는 법

스누피의 메시지

"절대로, 절대로
스스로를 일찍
포기하지 마라"

:: **스누피**Snoopy

피너츠Peanuts는 찰스 슐츠가 그린 미국의 만화 및 만화를 원작으로 하는 애니메이션
으로 스누피는 여기에 등장하는 캐릭터다. 이 만화는 1950년 10월 2일부터 연재가 시
작되었고 마지막 만화는 작가의 사망 다음날인 2000년 2월 13일, 일요판에 실렸다. 되
는 일도 없고, 할 수도 없는, 참담한 기분을 느끼게 되는 상황이 많은 아이들에 대한 응
원과 격려를 주제로 한다.

학창 시절 그는 열등생이었고 눈에 잘 띄지 않는 평범한 아이였다. 교우 관계도 원만하지 못했고 늘 소극적인 성격 탓에 여자 친구가 있기는커녕 데이트 한번 해보지 못한 채 10대를 보냈다. 중학교 시절에는 모든 과목에서 낙제 점수를 받은 적이 있었고 간신히 들어간 고등학교에서도 수학과 영어 과목은 늘 낙제 점수를 받았다. 그는 자신이 참 못났다고 생각했지만 어느 날, 그런 자신을 있는 그대로 그냥 인정하자고 결심했다.

그가 유일하게 남들보다 잘 할 수 있다고 생각한 것이 있었는데, 그것은 그림 그리기였다. 그는 용기를 내어 월트디즈니에 자신의 그림을 보냈다. 그리고 얼마 후, 월트디즈니 측에서 그림을 다시 그려 보내달라는 연락이 왔다. 이러한 사실에 '드디어 나에게도 성공의 기회가 왔구나.'하고 흥분한 그는 자신의 모든 열정을 쏟아 부어 그림을 그렸고 이를 보냈지만 월트디즈니 측은 "미안합니다만 당신의 그림은 저희와 맞지 않습니다."라는 거절의 최종 답변을 보냈다. 그 일로 엄청나게 실망한 그는 '자신에게는 세상을 살아가기 위한 재능이 없다'는 결론에 이른다. 하지만 자신처럼 잘 풀리지 않는 삶도 있었다는 사실만큼은 꼭 알리고 싶다는 마음으로 자신의 얘기를 만화로 그렸다. 그가 그린 만화 주인공 역시 어릴 때부터 항상 남에게 지기만 하고 무슨 일을 하더라도 잘 안 풀리는 인물이었다.

💬 스누피와 찰리브라운은 긍정적 자기 개념이 준 선물

그 만화 주인공은 바로 찰리브라운Charlie Brown이다. 이렇듯 공부도 못했고 잘 안 풀리던 인물은 바로 세상에서 가장 사랑 받는 캐릭터, 스누피Snoopy를 탄생시킨 찰스 슐츠Charles Monroe Schulz다. 그의 만화 『피너츠peanuts』는 1948년에 처음 시작되어, 1999년에 이르러서는 전세계 2,600개 이상의 신문에서 21개 국어로 연재되었다. 만약 그가 자신이 재능이 있다고 믿었던 그림 그리기를 중간에 포기라도 했다면 사랑스런 스누피와 그의 주인 찰리브라운, 우드스톡Woodstock을 비롯한 그의 친구들은 영원히 탄생하지 않았다. 하지만 그는 자신의 재능을 믿었고, 그림 그리기를 포기하지 않았기에 우리는 이런 귀여운 녀석들을 만날 수 있는 것이다.

우리는 누구나 자기 자신에 대한 개념화된 이미지를 갖고 있다. 이를 '자기 개념'이라고 한다. 성별이나 학력·연령·직업 등 여러 각도에서 형성된 자기 개념을 갖게 된다. 이는 단순히 이미지화에 그치지 않고 자신의 행동에 대한 영향력을 행사한다. 그리고 이에 따라 행동을 선택하게 되는 것이다. 찰스 슐츠는 능력에 대한 자신감과 언제나 어려움을 잘 이겨낼 수 있다는 긍정적인 자기 개념을 갖고 있었고, 건강한 자기 개념은 열등감을 극복할 수 있는 힘이 되었다.

일반적으로 사람들은 자신의 모습을 자기 내면보다는 다른 사람들과 자신을 비교하는 가운데 찾는다. 타인이 자신을 비춰주는 거울의 역할을 하는 셈이다. 사회학자인 쿨리Charles Horton Cooley는 이렇듯 자신의 모습을 찾아가는 사회적인 자신을 '거울 속에 비친 자신Looking-Glass Self'이라고 설명한다. 다른 사람과 비교하고 그들에게 비춰지는 자신의 모습을 바라보며 자신Self을 찾다보면 자기보다 잘 생기고, 잘 사는 사람들이 눈에 띄게 되어 자연스럽게 상대적인 열등감도 발동하게 된다. 이를 흔히 '열등 콤플렉스Inferiority Complex'라고 한다.

한 조사기관에서 직장인 2,321명을 대상으로 실시한 한 조사에 따르면 직장인 10명 가운데 7명 가량은 직장생활을 하면서 콤플렉스를 가지고 있다고 답변했다. 열등 콤플렉스는 누구나 마음 한 구석에 가지고 있는 심리 상태라 해도 무리가 없다. 따라서 열등감을 가지고 있는 어떤 사람이라도 그 열등감 자체가 인생을 건강하게 살아가는 장애물은 될 수 없다. 열등감보다 더 강력한 힘은 바로 자신이 잘 하는 일에 집중할 수 있는 건강한 자기 개념이다. 찰스 슐츠의 안 풀리는 인생도 결국엔 성공적인 결과를 낳은 것처럼 말이다.

> **자기 개념** 자기 자신에 대한 개념화된 이미지를 말한다. 성별이나 학력·연령·직업 등 여러 각도에서 형성된 자기 개념을 갖게 된다. 이는 단순히 이미지화에 그치지 않고 자신의 행동에 대한 영향을 주게 된다. 그리고 이에 따라 행동을 선택하게 되는 것이다.

자기 평가는 높게 하라

"나는 학창 시절 내내 왜소한 체격으로 인해 콤플렉스에 시달릴 수밖에 없었다. 하지만 '나의 체격이 훌륭한 축구 선수가 되는데 문제가 된다면 기술로 승부하자'고 생각했다. 그래서 한 순간도 공과 떨어지지 않으려고 노력했다. 축구공은 내 신체의 일부였다. 공만 있으면 주변은 나의 훈련장이나 마찬가지였다."

이는 바로 축구 천재 박지성의 이야기다. 그는 누구보다 훌륭하게 자신의 신체적인 열등감을 극복했다. 바로 건강한 자기 개념을 갖고 있었기에 자신의 콤플렉스 정도는 노력으로 얼마든지 극복할 수 있다고 생각했고 이를 실천했기에 결국 원하던 축구 선수가 되었고 성공할 수 있었다.

누구나 자신이 이상적이라고 생각하는 모습과 현실의 차이로 인해 자기혐오에 빠질 때가 있다. 이러한 이상적인 자신과 현실의 자신을 부적응의 척도로 판단하기도 한다. 실제 자신이 속한 집단에서 잘 적응하고 있는 사람이 그렇지 못한 경우보다 이러한 차이가 적다는 사실이 입증되기도 했다.

실제로 자신이 바라는 이상과 현실에서의 괴리감으로 기분이 우울해지다가 이러한 상태가 지속될 때는 우울증이나 자기 파괴적인 행동으로 이어질 수도 있다. 하지만 이상적인 자신의 모습을 높게 책정하지 않았을 경우 차이가 적어 현실에서 잘 적응한다고 말할 수 있을지는 모르지만 '정신적으로 건강하다'고 말할 수는 없다. 이는 더 이상의 자기성장은 불가능해지기 때문이다.

미국에서 다음과 같은 실험을 실시했다. 초면에 잠시 동안 서로 대화를 실시한 후 상대방이 자신에 대해 어떤 인상을 가졌을지에 대해 질문했다. 그 결과 자기 평가가 낮은 사람일수록 자신에 대한 인상이 좋지 않을 것이라고 생각했고 반대로 자기평가가 높은 사람은 상대방의 생각과 거의 일치했다고 한다. 자기 자신에 대해 부정적인 이미지를 갖고 있는 사람보다는 긍정적인 이미지를 갖고 있는 경우가 '자신이 사회에 잘 적응하고 있다'고 생각하는 것으로 나타났다.

누구나 스스로에 대한 자신감이 없으면 자기 모습도 부정적으로 생각하기 쉽다. 프랑스의 생리학자인 드누이De Nouy는 그의 저서 『인간의 운명』에서 인간도 다른 생물과 마찬가지로 환경변화에 대한 적응력을 갖고 있으며, 변화가 없으면 진화 역시 멈춰버린다고 말했다. '이제 만족스러우니까 이것으로 됐지 뭐.'라고 생각하는 순간 그 시점에서 진화는 멈춰버리게 되는 것이고, '아직 난 개선의 여지가 있어. 이 점이 너무 불만스러워 좀 더 나아지고 싶어.'라고 마음먹으면 보다 더 발전한다는 것이다. 그러니 현재 처한 환경에 대한 불만감은 발전을 위한 동기가 된다고 여기며, 불만스러운 현재는 발전적인 내일을 위한 예비기간이 될 수 있다.

끈기는 굉장한 능력이다

스누피의 아버지 찰스 슐츠는 다른 사람이 자신을 인정하지 않았다고 해서 결코 쉽게 포기하지 않았다. 그는 끈기 있는 사람이었다. 성공한 사람들 중 끈기 없는 사람이 있을까? 하지만 이 끈기라는 능력은 사람에 따라 참 익히기 쉽지 않은 능력이기도 하다. 만약 "몇월 며칠 당신은 성공할 테니 그때까지만 참고 노력하세요."라고 누군가가 친절하게 말해 준다면 아마 많은 이들이 끈기를 좀 더 쉽게 발휘할 수 있을 것이다. 하지만 아쉽게도 그 누구도 우리에게 성공하는 그 날을 알려주지 않는다. 그래서 끈기를 발휘하는 것은 어려운 일일지도 모른다.

모죽毛竹이라는 대나무는 아무리 성장에 필요한 영양분을 공급하더라도 심은 지 5년째까지는 눈에 띄는 변화가 없다고 한다. 자라는 것인지 자라지 않는 것인지도 모를 정도다. 하지만 5년이 지나면 하루에 70센티미터씩 자라기 시작해서 그 후 6주 동안 계속 자라나 결국에는 30미터가 넘는 키의 대나무가 된다. 그만큼 이 모죽은 준비하고 또 준비하여 자신의 기반을 닦은 후 '어느 순간' 결과를 내는 것이다.

우리가 어떤 결과를 내는 것도 이 모죽의 원리와 같다. 일단 스스로의 잠재력을 믿었다면 그 후에 바로 성과가 나지 않는다 하더라도 실망하지 말고 힘을 내보자. 그러면 분명히 우리에게도 성장과 성공의 그 어느 순간이 찾아 올 것이다.

'수 없이 많은 도끼질이 거대한 참나무를 쓰러뜨릴 수 있다Many strokes fell great oaks.'라는 말과 '지속은 힘이다Continuity is power.' 라는 말처럼 아무리 거대한 목표나 당장엔 무리로 보이는 목표도 이 둘만 있으면 분명 마냥 바라보는 꿈이 아니라 언젠간 현실화 될 수 있다.

앞서 강조했듯 긍정적 자기 개념과 목표를 향한 끈기야 말로 성공을 위한 필요조건이다. 나를 믿는 것은 인생에서의 목표를 달성하게 도와주는 자동 온도 조절 장치에 해당한다. 끊임없이 우리의 콤플렉스를 극복하고 인생의 장애물을 넘어가기 위해서는 '나는 할 수 있다.' '나는 가치 있는 사람이다.'라는 사실을 믿고 진심으로 받아들여야 한다.

힘들 때면 스누피와 지독히도 풀리지 않는 인물, 찰리브라운 그리고 이를 그린 찰스 슐츠를 떠올려라. 분명 스누피는 특유의 미소와 무언의 메시지로 당신을 응원할 테니까 말이다.

" 스누피의 메시지

스누피의 아버지
찰스슐츠가 그랬듯이
자기 자신을 긍정하고
스스로를 쉽게 포기하지 말라. **"**

© Peanuts

딸기의 메시지

"거기 평범한 당신,
지금도 충분히
매력적이야!"

:: **딸기**Dalkis

성격도 못되고 심술궂으며 장난기 넘치는 캐릭터다. 변덕이 심하고 고집도 센 편으로 취
미는 항상 함께 다니는 고양이 '딸랑이' 훈련시키기다. 10대에서 20대 초반까지의 소비
자층을 주요 타깃층으로 하고 있다.

"단점은 종종 지나친 장점일 뿐이다."
-찰스 디킨스

주말이 되면 챙겨보는 개그 프로그램이 있다. 그 프로그램에서는 수 십 명의 개그맨들이 출연하여 자신만의 캐릭터를 확실하게 보여준다. 특히 여자 개그맨들은 심하다 싶은 분장도 서슴지 않고, 오버 액션이다 싶을 정도로 자기 외모에 대해 스스로 혹평하기도 한다. 지금은 없어졌지만 〈독한 것들〉이라는 코너가 있었다. 특히 그 코너에 나오는 남자 개그맨 중 한 명은 남자들이 얼마나 예쁜 여자에게만 관심이 많은 지를 강조하면서, 예쁘지 않고 평범한 외모의 여자들에게 "남자들은 전혀 관심이 없으니 착각 하지 말고 정신 차려"라면서 한 마디 독설을 담당했다.

　나 또한 만약 '평범한 여자 선발대회' 같은 게 있다면 입선 정도는 가볍게 할 수 있을 정도로 눈에 띄지 않는 평범한 외모의 소유자인지라 그의 말을 들으면 웃음이 나오면서도 마음 한 구석이 찔끔 찔리기 일쑤였다.

외모 지상주의를 넘어 포장된 스타일 추구의 세상에 사는 지금, 외모가 평범한 여자는 점점 설 곳이 없어져가고 있다. 여성가족부도 생길만큼 여권이 신장된 세상에 살고 있지만 아이러니하게도 그런 트렌드에 비례하여, 성형외과는 나날이 성행하며 평범한 외모의 사람들을 유혹하고 있지 않은가. 그렇다면 평범한 외모의 여자는 어떤 선택을 하는 게 현명할까? 성형? 아니면 자학? 어디 여자뿐인가. 요즘은 남자들도 미용과 외모 가꾸기에 절대로 무관심하지 않다. 꽃미남과 미중년은 어디서나 환영받는다. 물론 자신을 매력적으로 가꾸어 나가는 일은 필요하다. 하지만 잘생기고 예쁜 외모가 대세라고 해서 자신의 개성은 뒤로한 채 무조건 성형을 하거나 스스로를 자학하는 선택밖엔 없는 걸까?

못돼 보여, 얼큰이야 하지만 개성은 가득!

'일자 앞머리, 빨간 머리의 큰 바위 얼굴, 화가 난 모습에 확 째진 눈매, 통통하고 짧은 다리'

이는 딸기Dalki 캐릭터의 특징이다. 지금은 워낙 다양하고 개성 넘치는 캐릭터들이 많아서 '에이 설마?' 하며 고개를 흔들겠지만, 사실 한동안 예쁘지 않으면 전혀 인기를 얻지 못하는 캐릭터들의 슬픈 시절이 있었다. 이 중 딸기는 '성공하려면 이러 이러 해야 해'라는 고정된 법칙을 완전히 뒤집으면서 등장 초반부터 높은 인기를 얻었다. 이런 딸기의 인기 비결이 너무나 궁금했고 중요한 사항이었던지라 당시 나는 구매 고객들을 대상으로 조사를 해보았다. 이유는 왠지 예쁜 캐릭터보다 끌리는 매력이 있다는, 마음을 편안하게 해주는 느낌을 준다는 것이었다. 한 매장에서 나오는 아이에게 딸기 캐릭터를 좋아하는 이유를 물어 보았더니 "예쁘지 않아서, 뭔가 부족해 보여서 더 친근해요."라고 말하기도 했다. 부족해 보이지만 매력적인 모습, 그것이 딸기가 사랑을 받는 핵심이었다.

평범녀는 어떻게 완소녀가 될 수 있을까?

그렇다면 우리는 다른 사람의 어떤 면에 호감을 느낄까? 물론 어떤 사람에게 친근감을 느낄 때는 다양한 요소가 작용하고 그것은 상황에 따라 혹은 자신의 감정에 따라 항상 변한다. 사실 부족한 부분이라곤 없는 것 같은 8등신 꽃미남이나 얼짱녀의 미모는 호감을 얻는 요인임엔 틀림없다. 정신분석학적 미술치료 전문가인 루빈Rubin, 1973은 타인에게 호감을 주는 중요한 요소는 '개인의 능력'과 '신체적인 매력'이라고 했다. 우리가 꽃미남, 얼짱녀에 열광하는 것은 당연한 것이다. 그렇다고 해서 평범한 사람에게는 열광하게 만들 수 있는 요소가 없는 것도 아니다. 세상에는 평범하지만 개성 넘치는 인기 많은 사람들이 얼마든지 있다. 통통하고 작은 체구이지만 당당함이 매력인 개그우먼 신봉선 씨, 재담가에 만능 재주꾼이지만 어수룩해 보이는 유재석 씨의 인기비결은 그들의 결점으로 다른 장점이 더 부각된다는 점이다. 이처럼 우리가 마냥 감추고 싶어 하는 단점은 얼마든지 다른 이들에게 매력적인 요소로 비춰질 수 있다.

현재 인기를 누리고 있는 많은 개그 스타들 가운데 자신의 부족한 외모를 거침없이 부각시켜 인기를 얻는 경우는 정말 많다. 이들은 '마이너스 이온의 법칙'을 알고 있었던 것이다. 이는 한 마디로 플러스 모드보다는 마이너스 모드, 즉 단점에 대해 이야기할 때가 사람 사이의 관계를 더 원활하게 해준다는 원리다. 구체적으로는 자신이 실패한 경험이나 어려움 때문에 힘들었던 기억, 학생시절부터 지닌 개인적인 콤플렉스 등 자신의 약점을 드러내는 얘기들이다. 사실 신봉선 씨는 객관적으로 볼 때 뚱뚱하지도 않을뿐더러 귀엽고 여성스러운 외모의 소유자다. 하지만 항상 그녀는 '자신을 못생기고 뚱뚱한 캐릭터'로 인식시켜 우리에게 웃음을 선사한다. 역시 그녀는 마이너스 이온의 법칙을 제대로 활용할 줄 안다. 유재석 씨는 서글서글한 인상이 매력적이지만 스스로를 메뚜기라는 별명으로 재미있게 캐릭터화 했고, 강호동 씨는 머리둘레가 조금 큰 점을 이용하여 큰 머리 얼굴의 사회자로 인식시켰다. 이들 모두는 단점을 잘 활용하여 더 많은 자신의 장점을 더욱 빛나게 만든 프로페셔널이다.

힘내라! 예쁘지 않은, 잘 생기지 못한 당신

플러스 모드란 자신의 장점과 특기 사항을 중심으로 이야기를 풀어 나가는 것이다. 상황에 따라 입사면접이나 소개팅 등 이러한 플러스 모드에 중점을 두고 이야기를 전개해야 할 때도 있다. 하지만 상대방은 확실히 자신의 결점을 솔직하게 드러내는 사람에게 마음을 좀 더 쉽게 열게 된다. 떠올리면 웃음이 절로 나오게 되는 친구를 한번 생각해보자. 아마도 자신의 약점을 솔직하게 드러내는 경우가 많을 것이다. 이런 사람에게는 '아, 저 사람 참 솔직하군. 내가 무엇인가 도움을 줄 수 있을 것 같아'라는 긍정적인 기운을 주고 싶은 마음이 생겨나게 된다. 하지만 자화자찬이 습관화 된 사람들을 어찌 쉽게 좋아할 수 있겠는가. 이 또한 같은 이치로 '아, 저 사람은 너무 잘났네, 잘났어. 내가 도움을 줄 필요가 없겠군.'이라고 생각하게 만들어 마음의 문을 닫아버리게 한다.

내가 면접을 보았을 때도 '이러한 성과를 낸 적이 있고 이런저런 계획을 갖고 있다.'고 플러스되는 면만 부각시켰을 때보다는 '이런저런 점에서 장점도 있으나 이런 면은 단점이라고 생각한다. 하지만 이렇게 극복하기 위해 노력하고 있다.'고 마이너스적인 요소를 얘기했을 때 그 결과가 더 좋았다. 이는 사람에게는 완벽함보다는 '불완전성이 더 진실하다고 생각하는 심리'가 있기 때문이다. 또 약점에 대한 공개는 상대방으로 하여금 '아, 내가 저 사람보다 좀 더 나은 것 같아'라는 우월감을 느끼게 하여 오히려 상대방의 마음을 쉽게 열어주기도 한다.

그런데 왜 유독 '자신은 얼짱이 아니고 다리가 굵으며 쌍꺼풀이 없다고 자학만 하는 것인가. 예쁘고 착한 캐릭터 시장에 '당당한 개성'을 무기로 용기 있게 뛰어들었던 큰 바위 얼굴의 딸기처럼 자신이 가진 단점을 장점으로 생각해보고 당당하게 어깨를 펴보자.

갈라지는 목소리, 큰 바위 얼굴, 어눌한 말투, 작은 키, 눈 위의 왕점…? 지금껏 숨기고만 싶었던 그 부족함이 바로 호감의 원천이 될 수 있다는 사실에 기운이 나지 않는가. 감추면 단점일 수 있지만 당당히 드러내면 개성이 된다. 어떤가, 그동안 죽도록 싫어했던 단점이 살짝 고맙게 느껴지진 않는가.

부족해 보여서
끌린다

얼굴도 잘 생기고 능력도 뛰어나고 키도 크고 집도 부유하다. 예쁘고 키도 크고 공부도 잘한다. 게다가 집안도 좋다…. 우리는 이런 사람들을 속칭 '엄친아, 엄친딸'이라고 일컬으며 마냥 부러워한다. 하지만 세상엔 완벽한 사람은 없다. 다만 조금 부러워할만한 조건을 가진 사람들이 있을 뿐이다.

우리는 그런 사람들과 자신을 끊임없이 비교하면서 자신이 가진 단점을 그들의 장점에 빗대어보고는 스스로 상처 입곤 한다. 나 또한 "당신은 자신에게 만족하나요?" 라고 질문하면 "아니요!" 하고 바로 답이 튀어나올 것이다. 그리고 "그럼 당신에게 부족한 점을 얘기해보세요." 라는 질문엔 그 누구보다 술술 답할 수 있는 사람이다. 이렇듯 대다수의 사람들이 '나는 외모에 있어 자신 있다.' '나는 꽤 괜찮은 능력을 지니고 있다.'고 생각하기 보다는 자신을 '뭔가 많이 부족하다.'고 느끼면서 살아간다.

페스팅거스Leon Festingers,1957의 사회비교 이론에 따르면 물리적인 현실 기준이 불확실할 때 자신과 비교하기 위해 사회적 현실인 타인에게 더 의존한다고 한다. 그렇게 함으로써 자신과 유사한 사람을 선택하게 되며, 그것 때문에 자신의 의견과 태도에 더 확신을 갖게 되고 불안을 덜게 된다는 것이다. 서로 비슷한 점, 사람들은 태도와 가치관이 유사한 사람들을 더 좋아하게 된다. 이를 유사성의 원리Principle of Similarity라고 한다. 그뿐 아니라 인종, 종교, 문화, 정치, 사회 계층, 교육 수준, 연령이 유사한 사람들을 그렇지 않은 사람보다 더 좋아한다는 것이다.

물론 전혀 어울릴 것 같지 않은 사람들이 친하게 지내는 경우도 있다. 하지만 그건 어디까지나 예외일 뿐이다. 특히 유사성 원리가 데이트나 결혼에서 나타나는 현상을 '걸맞추기 원리Matching Principle'라고 한다. 결국 완벽하지 않은 대다수의 사람들은 상대방에게서 자신을 발견하려는 성향을 갖고 있다. 한 지인은 '상대방을 사랑하는 것은 바로 그 안에 있는 자신을 사랑하는 것과 같다.'는 얘기를 한 적이 있다. 나 또한 약간은 어수룩한 사람이 좋은데 이는 유사성 원리에 의한 친근감이라 생각한다. 이렇듯 누구나 자신의 부족함을 자각하고 있기에 상대방의 부족함을 통해 '나만 부족한 게 아니구나.' 하는 안심과 함께 묘한 동질감에서 오는 친근감을 느끼게 되는 것이다.

역대 대통령 중 인기가 많았던 고故 레이건 미국 대통령과 관련된 에피소드가 있다. 어떤 연설에서 자신이 대통령이 된 비결에 대해 말하기 시작했다. "제가 어떻게 대통령이 될 수 있었는지 그 비밀을 밝히겠습니다. 사실 제게는 아홉 가지의 재능이 있습니다. 우선 그 첫 번째는 한번 들은 것은 절대 잊어버리지 않는 탁월한 기억력! 그리고 두 번째는…. 에… 그러니까 그게 뭐더라…?"

자신이 대통령이 된 비결을 아홉 가지나 말하겠다고 한 후에 갑자기

"에, 그러니까 그게 뭐더라…?" 하는 어눌한 말투 때문에 청중들의 폭소를 자아냈다고 한다. 미국의 대통령인 그가 만약 아홉 가지의 재능에 대해 얘기했다 하더라도 문제는 없었을 것이다. 하지만 많은 사람의 존경을 받는 그가 유머러스한 대처를 했으니 얼마나 친근하게 느껴졌겠는가. 이처럼 부족해 보임과 부족함은 결코 꼭꼭 숨겨야 할 그 무엇이 아니다. 자신의 부족함을 인정하고 이를 당당하게 드러내는 사람이 훨씬 다른 사람들에게는 매력적으로 보이며 자신감 있게 살아갈 수 있다.

유사성의 원리|Principle of Similarity 사람들은 태도와 가치관이 서로 비슷한 사람들을 더 좋아하게 된다. 그뿐 아니라 인종, 종교, 문화, 정치, 사회 계층, 교육 수준, 연령이 유사한 사람들을 그렇지 않은 사람보다 더 좋아한다는 원리다.

평범함이라는 단점, 사랑할 만하다

예전에 나는 '평범하다'라는 말을 참 싫어했다. 평범함이라는 단어는 왠지 모르게 초라하게 느껴졌고 어딘지 모르게 기운이 빠지는 느낌이 들었다. 하지만 나이가 들어가면서 '평범하게 생기기도 쉽지 않고, 또 평범하게 살아간다는 것도 참 쉽지 않다'는 것을 알게 되었다. 그리고 그 평범함이 주는 행복이 얼마나 소중한 것인지도 조금씩 알아가고 있다. 평범한 외모의 소유자인 나는 쌍꺼풀이 없는 눈이 언제나 불만이었다. 그래서 정말 심각하게 쌍꺼풀 성형 수술을 고려해본 적도 많다. 하지만 살짝 겁도 나고 해서 실행에 옮기지는 못했다. 하지만 아이러니 하게도 평생 나의 동반자가 된 그는 '나의 쌍꺼풀 없는 눈'이 가장 매력적이라고 말해주었다. 그의 이상형은 쌍꺼풀이 없는 여자였단다. 이를 계기로 나의 평범한 외꺼풀 눈을 예전만큼 미워하진 않는다. 이처럼 자신은 단점이라고 생각하는 부분이 오히려 다른 사람에게는 매력적으로 느껴질 수도 있다. 이 사실만으로도 즐겁지 않은가.

나는 지금도 가끔은 거울을 보며, '코를 조금만 세우면, 앞트임을 하면 조금은 더 예뻐지지 않을까?'라고 생각을 해보기도 한다. 하지만 적어도 20대 철없던 나처럼 '성형 아니면 자학'이라는 두 길만을 바라본 채 한숨 쉬면서 에너지를 낭비하진 않는다. 그리고 지금은 '그래 뭐 나도 볼수록 나쁘지 않아.'라고 조금은 성숙해진 마음자세로 나를 바라보곤 한다. 그리고 딸기처럼 매력적인 캐릭터를 떠올리면서 좀 더 자신감을 갖으려 한다.

평범한 자신을 있는 그대로 '그런대로 괜찮다.'라고 인정한다는 것, 더 나아가 자신의 단점을 장점화 할 수 있는 사람이야말로 건강한 자존감을 가진 것이다. 그리고 건강한 자존감을 가진 사람은 평범함을 뛰어넘어 성장하는 삶, 성공적인 인생을 살아갈 것이다.

딸기의 메시지

부족한 외모와 성격을
가졌다면 당신은 정말
행운아라 생각하라.
원만한 인간관계를 이끄는
기반이 마련되었으니 말이다.
자, 이제 자신감을 갖고
자신만의 매력을 부각시켜 보자.

© Dalki

"헬로키티,
그녀처럼 끊임없이
변화하려 노력해봐!"

:: **헬로키티** Hello Kitty

헬로키티는 30년 동안 5대양 6대주에 걸쳐서 지속적인 사랑을 받아온 캐릭터다. 특유의 귀엽고 사랑스러운 이미지가 어필되면서 1983년에는 유니세프 미국위원회의에 '어린이 대사'로 임명되는 등 세계적인 '문화아이콘'으로 성장했다. 디자인의 가치를 초월해 메신저, 커뮤니케이터, 에이전트의 역할까지 담당하고 있다.

"개성적인 아름다움은 다른 어떤 소개장보다도 더 훌륭한 추천장이다."

-아리스토텔레스

　　세월이 흘러도 늘 신선한 자신만의 캐릭터와 이미지를 가지고 있는 사람들이 있다. 변하는 것 같으면서도 자신만의 매력을 늘 간직하고 있어 시간이 지나면서 그 매력은 더 강해진다. 영화배우 안성기 씨나 손석희 교수, 방송인 임성훈 씨 등이 특히 그런 매력을 지녔다.

　캐릭터 중에도 이런 캐릭터가 있다. 바로 전 세계적인 팬을 확보하고 있는 캐릭터 헬로키티Hello Kitty다. 캐릭터Character라는 개념이 정확히 무엇인지 이해하지 못하는 이들도 "헬로키티 아시죠? 그런 걸 캐릭터라고 해요."라는 말 한마디에 "아 그렇군요. 어떤 걸 말하는지 알겠네요."라고 말할 만큼 헬로키티는 캐릭터의 대명사라고 해도 손색이 없다. 헬로키티는 유명한 전설도 없고 특별히 흥행한 애니메이션 주인공이 아닌데도 약 30개 국가에서 만날 수 있고 헬로키티가 들어간 제품이 5만 가지가 넘는다고 한다. 이 헬로키티가 들어가지 않은 유일한 제품은 관(棺) 뿐이라는 말이 있을 정도니 그 유명세를 짐작할 수 있다.

헬로키티는 굉장히 부지런한 캐릭터다. 다시 말해 변화를 끊임없이, 쉴 새 없이 지속한다. 언뜻 보면 '아니 저 캐릭터 항상 똑같아 보이는데 무슨 변신?'이라고 생각할 수 있다. 하지만 이 변하지 않은 것 같으면서도 열심히 변화한 그 미묘한 노력이 바로 헬로키티 만의 매력으로 작용한다.

얼굴은 입을 다문채 얌전한 이미지이지만 날개를 단 헬로키티, 인어의 꼬리지느러미를 단 헬로키티 등, 연예인이 잠시 휴식 기간 동안 이미지 관리를 위해 다이어트를 하고 보톡스를 맞거나 치아교정을 하는 것 이상의 노력을 헬로키티는 한다. 실제로 헬로키티를 관리하는 산리오Sanrio사에서는 한 달에 한 번씩 새로운 모습의 헬로키티를 탄생시키고 있다. 지역 한정판, 국가 한정판 등 '한정 판매'라는 전략으로 소비자들의 소유 욕망을 부추기기도 한다.

앞서 캐릭터 '딸기'를 예로 들어 매력적인 외모를 사랑하라고, 부족한 면을 사랑스럽게 받아들이라고 하고서는 헬로키티에서는 다시 '가꾸자'라는 모순된 논리를 적용한다고 느껴지는가. 생긴 대로의 모습을 유지하면서도 얼마든지 변신하는 노력을 통해 자신만의 매력을 좀 더 가꿔 나갈 수 있다는 얘기다. 매력적인 외모는 확실히 거부할 수 없는 유혹의 기술임엔 틀림없기 때문이다.

눈이 부시게 만들어 유혹하는 후광효과

어떤 사람을 딱 보는 순간 확 마음에 끌리는 경우가 있다. 이는 바로 후광효과Halo Effect때문이다. 그야말로 한 가지 매력이 너무 눈이 부셔서 나머지 부분에 대해서는 저절로 오케이OK를 이끌어내주는 효과를 말한다. 사람의 긍정적인 특성 중 한 가지가 그 사람 전체를 평가할 때 결정적인 영향을 미치며, 이 결정적인 영향력 중 가장 큰 역할을 바로 신체적인 매력, 시각적인 매력이 담당하게 된다고 한다.

나는 초등학교 시절, 그때만 해도 이런 후광효과에 대해서는 아무런 지식도 없을 때였지만 확실한 체험을 한 적이 있다. 전교 회장 선거를 할 때의 일이다. 후보들의 연설을 듣기 위해 전교생이 강당에 모였다. 후보 어린이들이 등장하자 강당은 술렁이기 시작했다. "아, 저 오빠 정말 잘 생겼다. 나 저 오빠 찍을 거야." "어, 저 누나 예쁘다, 난 저 누나…."

어린 마음이었지만 '아니 연설도 들어보기 전에 얼굴로만 사람을 판단하다니 이건 좀 잘못된 것인데'라는 생각을 했다. 하지만 결국 실제로 당선되었던 것도 아이들이 지목했던 제일 예쁘고 잘 생긴 후보들이었다. 이때의 기억이 강하게 남아 있어 '후광효과'라는 단어를 처음 접했을 때 바로 그 당시의 아련한 기억과 함께 아이들의 웅성임이 떠올랐다. 어린 아이 뿐만이 아니다. 이성적인 판단이 가능한 어른들의 경우도 국회의

원 선거나 대통령 선거에서 일단 잘 생기고 예쁜 후보들이 더 유리하긴 마찬가지다. 실제로 경제학자들의 연구결과에 따르면 외모적으로 매력적인 사람이 평범한 사람들보다 12~14퍼센트 정도 더 많은 급여를 받는다고 한다Hemmermesh&Biddle, 1994. 긴급한 상황에서도 평범한 외모의 여자보다 미녀가 훨씬 더 쉽게 구조를 받고, 잘 생긴 연사가 훨씬 설득력 있게 느껴지는 것도 다 이러한 후광효과 때문이다. 한 마디로 신체적인 매력은 무시할 수 없고 '신은 인간의 내면만을 보지만 인간은 외면을 통해 내면을 본다.'는 말은 틀리지 않았다.

> **후광효과**Halo Effect 한 가지 매력이 너무 눈이 부셔서 나머지 부분에 대해서도 저절로 OK를 이끌어주는 효과를 말한다.

💬 매력적인 외모 만들기는 무죄

매력적인 외모를 가진 연예인 중에서는 10년 넘게 지속적인 인기를 누리는 사람이 있는가하면 그 인기가 언제 있었던가 싶을 정도로 소리 소문 없이 자취를 감추는 사람도 많다. 이런 현상에 대해 지속적이고 꾸준한 인지도를 보이는 경우 대부분 '운이 좋아서' 혹은 '누군가 뒤를

봐주는 사람'이 있다고 생각하기 쉽다. 하지만 분명 오랜 기간 인기를 누리는 연예인들은 헬로키티처럼 자신의 장점은 최대한 살리면서 시대에 맞춰 끊임없이 변화하고자 노력했을 것이다. 후광효과가 지속되려면 분명 그밖에 필요한 '그 무엇'이 있기 때문이다.

내가 좋아하는 연예인 중에 아주 호남인 탤런트 박찬환 씨가 있다. 그가 데뷔한 것은 80년대 초반으로 데뷔 초기 많은 작품에 출연했던 것은 아니지만 분명 그의 외모는 빛났다. 하지만 외모의 지적인 매력에 비해 목소리는 그다지 중후한 느낌을 주지 못해 좋은 이미지에 약간의 아쉬움을 남기곤 했다. 그는 드라마 〈황진이〉에서 왕의 역할로 출연했었는데 처음엔 목소리가 너무나 달라 '정말 그가 맞나' 싶을 정도였다. 중후하면서도 카리스마가 느껴지는 목소리, 왕의 역할과 너무나 잘 어울리는 그 목소리는 분명 그의 외모를 예전보다 훨씬 돋보이게 했다. 게다가 그는 지금도 50대라고는 믿지 않을 정도로 최강 동안 얼굴로도 유명하다. 외모는 성형이라는 방법으로 단기간에 변화를 줄 수 있지만 목소리를 바꾼다는 것은 분명 짧은 시간 안에 가능한 일이 아닐 터였다. 영화배우 이영애 씨도 데뷔 초기의 드라마에서는 그다지 주목받지 못했었는데 목소리가 호감을 주지 못한다는 지적을 받고 이를 훌륭히 극복한 배우로 꼽힌다.

미국의 심리학자 앨버트 메라비언Albert Mehrabian박사의 연구에 따르면, 의사 전달에 있어 말의 '내용'이 차지하는 비중은 겨우 7퍼센트이며 목소리가 38퍼센트, 표정이 35퍼센트, 태도가 20퍼센트를 차지한다고 한다. 그러니 이 두 연예인의 노력은 분명 값진 것이었음에 틀림없다.

'스물네 번 성형한 남자'라고 소개되었던 20대의 한 남성이 있다. 성형 수술에 대한 의견은 '좋다 나쁘다.'고 단순하게 단정 지어 말할 수는 없지만 그 남자의 노력만큼은 분명 대단하다고 생각되었다. 그리고 "나의 지금 모습에 만족스럽다."라면서 자신감이 느껴지는 그의 목소리만큼은 듣기 좋았다.

예쁘고 잘 생긴 사람을 그저 부러움의 대상으로만 바라보는 소극적인 자세보다는 무엇이건 간에 끊임없이 노력하는 자세가 더 긍정적인 태도임엔 분명하다. 성형수술도 물론 외모 가꾸기 방법 중 한 가지이지만 얼마든지 노력을 통해 좋은 인상으로 변화시킬 수 있다. 운동을 통해 바른 자세와 적당한 근육을 키워 건강미를 가꾸는 것은 분명 자신감 향상과 더불어 건강한 매력을 만들어 준다. 비싼 브랜드의 옷을 입지 않더라도 자신만의 개성을 잘 살릴 수 있고 깔끔한 이미지를 만들 수 있다. 문제는 노력을 하느냐 하지 않느냐이다. 남의 노력을 막연히 부러워만 하지 말고 '나도 할 수 있다.'고 생각하고 시작해보는 실행이 중요하지 않을까.

마음을 담는 그릇, 얼굴

나는 관상학에 관심이 많다. 처음엔 우연히 도서관에서 만화로 된 관상학 책을 읽게 되었는데 읽다보니 오묘한 재미를 느꼈고 지금도 꾸준히 실제와 이론의 일치와 차이를 알아가는 중이다. 처음 책을 통해 '이런 얼굴로는 절대로 잘 될 수 없다.'고 제시된 얼굴의 특징을 보면서 '설마 이런 얼굴형이 실제로 있을까?'라고 생각했었다. 하지만 며칠 후 길에서 마주치는 사람들 중 바로 책 속에서 본 '절대로 일이 잘 풀리지 않는 인상'의 사람들을 심심치 않게 마주쳤을 때는 마냥 놀라울 따름이었다.

생각해보면 어린 아이 시절에는 누구나 코가 작건 얼굴이 크건 키가 작건 간에 마냥 예쁘고 귀여운 모습이었을 것이다. 아이들의 얼굴 중 죽어도 일이 안 풀리게 생긴 경우는 없다. 그래서 무속인들은 아이들의 사주는 보아도 관상은 보지 않는다고 한다.

누구나 어른이 되어가면서 순수한 마음은 점점 사라지고 얼굴도 자신의 마음을 반영하기 시작하면서 제 각각 변화된 것임에 분명하다. 입이 삐죽 나온 것 같은 얼굴이나 눈꼬리가 올라간 눈매는 괜히 성격도 좋지 않을 것이라는 선입견을 주기 쉽다. 나이가 들면서 얼굴이 변하는 것은 단지 노화의 탓만이 아니라 얼굴의 주인인 자기 스스로가 어떻게 살아왔는지에 따라 모양새를 만들어가기 때문이다. 그래서 마흔 살이 되면 자신의 얼굴에 책임을 져야한다는 말도 나온 것이 아닐까. 우리의 얼굴은 우리가 살아 온 시간을 그대로 닮아간다.

💬우아하게
자신을 알려라

　괜찮은 얼굴, 빛나는 실적을 과시하면 사람들이 자신을 꽤 괜찮은 사람으로 인정해 줄 것이라고 생각하는가. 과시까지는 아니더라도 은연 중 우리는 자신을 알리고 싶어 하는 경향을 가진다. 하지만 알리려면 무엇보다도 겸손함부터 익혀야 한다. 예의 바르게 그리고 인내심 있게 노력하면 사람들을 짜증나게 하지 않고도 자신에게 주의를 기울이도록 만들 수 있다. 이는 캐릭터 헬로키티가 소비자의 마음을 사로잡는 전략이기도하다. 하지만 냉정을 잃거나 억지를 쓰게 되면 오랫동안 공들인 것을 단번에 날려 보낼 수도 있다.

　30년이 넘는 세월을 우아하게 그리고 매력적으로 자신의 매력을 알려 사랑받고 있는 캐릭터 헬로키티. 나를 매력적으로 알리는 일은 헬로키티처럼 해보면 어떨까. 캐릭터의 대명사가 된 헬로키티는 그 이름만으로도 저절로 '특별한 캐릭터'라는 것을 말해준다. 화려하거나 과장된 캐릭터는 아니지만 지구상의 대표적인 캐릭터로서 최상의 품질을 함께 보장한다. 솜씨 있는 홍보를 통해 내공 있는 헬로키티처럼 감정을 드러내지 않으면서도 예리하고 똑똑한 당신을 특별하다고 느끼게 만들어라. 그리고 당신 이름만 들으면 신뢰감이 느껴지고, 늘 새롭다는 인상을 주어라. 이러한 느낌은 그냥 주어지는 것이 아니라 바로 한 달에 한 번씩 변신하는 헬로키티처럼 끊임없는 노력의 결과물임을 기억하자. 캐릭터 헬로키티가 끊임없이 변신하는 노력을 기억한다면 분명 당신도 성공할 수 있을 것이다.

❝헬로키티의 메시지
헬로키티의 인기비결은
한 달에 한 번씩 새로운 모습으로
변신함에 있다.
매력적인 모습 만들기도
마찬가지다.
끊임없이 노력하여 자신만의
매력을 만들어 가자.❞

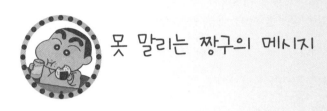

못 말리는 짱구의 메시지

"나를 제대로 사랑할 수 없으면 남도 사랑 못해!"

:: 짱구는 못 말려

국내에도 비디오, 텔레비전을 통해 소개되어 큰 인기를 누리고 있는 〈짱구는 못 말려〉는 일본에서도 높은 시청률을 유지하고 있는 인기 가족 코미디물이다. 원작 만화와 같이 여러 에피소드로 구성된 단막극 중심으로 전개된다.

"자기 자신을 있는 그대로 사랑하고 받아들이며 인정할 때, 모든 일이 잘 풀린다."

－루이스 헤이

"누나, 혹시 시간 있어요? 나랑 우유나 한잔 어때요?"라고 말하면서 예쁜 여자만 보면 능청스러운 질문을 서슴없이 던지는 5살 꼬마 짱구. 평범한 가정주부인 엄마와 샐러리맨 아빠와 함께 사는 짱구는 가끔 상식을 넘어서는 짓을 서슴지 않는 장난꾸러기다. 무슨 뜻인지도 모르면서 어른들의 하는 말을 따라하고 어린이다운 발상과 탐구정신에 불타오르기도 한다.

짱구를 보는 사람들은 '저런 애가 실제로 있을까?'하고 생각하기도 한다. 하지만 실제로 짱구는 실존 인물을 모티브로 그려진 캐릭터다. 짱구를 탄생시킨 작가가 무명으로 활동하던 시절, 자신의 아파트 단지 내의 같은 라인에 살고 있던 한 초등학생을 바탕으로 짱구를 그렸단다. 그 아이는 실제로 어머니에게 머리 돌리기 기술을 자주 당했다고 한다.

소위 '짱구짓'이라고 표현하는 이 캐릭터의 천진스런 모습이 우리를 즐겁게 하는 것은 아빠와 엄마나 선생님을 위해서 하루하루를 사는 것이 아니라 그저 자신이 할 수 있는 한 이런 저런 신경을 쓰지 않고 즐겁고 자유롭게 살아가기 때문이 아닐까. 이런 짱구의 아이다운 자유를 우리가 부러워하는 것이다. 만약 짱구가 엄마 아빠를 속 깊게 배려하고 마냥 눈치만 보며 어른의 말을 잘 듣는 아이였다면 짱구를 보는 우리의 마음이 지금처럼 유쾌했을까?

나부터
사랑하라

'나는 나를 좋아한다'라는 광고 카피가 있다. 언뜻 생각하기엔 자신을 좋아하지 않는 사람도 있을까 싶다. 하지만 의외로 자신을 자신이 좋아하지 않을 뿐만 아니라 자기 스스로를 혐오하는 감정으로부터 고통을 받고 있는 경우는 무척 많다. 그런데 '좋아한다'에서 표현을 조금 바꾸어 "당신은 당신 자신을 사랑하나요?" 라고 질문하면, 과연 어떠한 대답이 나올 것인가? "네, 그럼요!" 라고 힘차게 답하기보다 "사랑이요?" 라는 생각부터 하기 쉽다. "나를 사랑한다."고 바로 답변하지 못하는 이유로는 일반적으로 "나는 나를 제일 사랑해."라고 당당히 말하는 것이 '이기적이다. 혹은 자기중심적이다.'라고 생각하거나 '나를 사랑하는 것'보다는 '타인을 위해 세상을 위해 사는 것이 가치 있는 삶'이라는 생각이 대답을 방해하기 때문이다.

"저는 제 자신이 너무 싫습니다. 특히 다른 사람들에게 나의 감정이나 생각을 솔직하게 표현하는 것이 두렵습니다. 남을 배려한다고 하고 싶은 말을 참고, 배려한다고 억누르다가 이제는 제가 폭발할 것 같습니다. 어떻게 하면 좋을까요?"

상담 봉사활동을 하다보면 이런 글을 올리는 분들을 종종 만날 수 있다. 자기 자신을 좋아하기는커녕 '싫어한다'는 말을 서슴지 않고 하며 자신의 감정을 억눌러 가면서 스스로를 힘들게 만드는 경우다. 물론 이는 일시적으로 어떤 상황에서 비롯된 감정일 수도 있지만 자기 자신을 표현하는 일에 서툴 경우 결국 그런 결과물이 쌓여 자기혐오에 이르기도 한다.

나에 대한 표현이 서툰 이들에게 짱구는 훌륭한 선생님이 되어 준다. 짱구는 "나랑 놀래?" 라는 어른의 말에도 "난 지금 바쁘거든요." 라고 단칼에 거절하거나 여자 친구가 "너, 나랑 데이트할래?" 라는 권유에는 "난 어린 여자에겐 관심 없어." 라고 당당히 말한다. 물론 너무 직선적인 표현으로 상대방의 기분을 상하게 해서는 안 되겠지만 분명 원하지 않을 때는 짱구처럼 확실하게 거절하는 것이, 거절하고 싶지만 상대방에게 상처를 줄까 싶어 애매한 대답을 하는 것 보다 더 좋은 결론으로 이끈다.

있는 그대로의 순수한 자신의 감정을 드러내는 일은 먼저 자기 자신에 대해 솔직해질 때에만 가능하다. 그러므로 자신에게 솔직하지 못한 경우 타인에게 마음을 여는 일은 아예 불가능하다. 자기 자신을 사랑할 때만이 타인도 사랑할 수 있다. 그러니 나부터 사랑하자.

솔직한 표현이 나에게도, 그 사람에게도 좋다

짱구는 매우 자기중심적이고 자신이 제일 중요한 존재로 이해받길 바란다. 그래서 때로는 흰둥이를 괴롭히고 시시각각 엄마 아빠를 곤란하게 만든다. 그날의 자기만족이 충족되면 마음 편히 잠이 든다. 그리고 또 다음날이 되면 언제나 즐겁게 하루를 맞이한다.

자기를 지나치게 사랑하고, 자기중심적인 사고방식을 가지고 자기도취에 빠져 있는 현상을 나르시시즘Narcissism이라고 한다. 원래 나르시시즘이라는 말은 1899년, 정신의학자 네케Necke가 처음으로 사용했다. 이 말은 그리스 로마 신화에 나오는 나르시스에서 유래된 말로, 자기도취에 빠져 자기를 사랑의 대상으로 삼는 이를 일컫는 말로 사용한다. 자기애란 바로 나르시시즘이라고 표현된다. 사람이라면 누구나 일차적으로 매우 자기중심적이고 자신이 그 누구보다 존중받기를 바란다. 이 나르시시즘이 충족되면 웬만한 사건으로는 흔들리지 않게 된다.

짱구는 매일 나르시시즘을 충족하며 즐겁게 살아간다. 이렇듯 짱구처럼 즐겁게 살아가기 위해서는 먼저 우리도 바로 나르시시즘에 대한 이해를 통해 이를 충족시켜야 한다.

에리히 프롬Erich Pinchas Fromm은 "나르시시즘이야말로 생존의 욕망에 비교될 만큼 강한 열정이다. 자신의 육체적 욕구, 자기의 관심과 욕망이 많은 에너지로 채워지지 않았다면 어떻게 인간의 생존이 가능했겠는가?"라고 반문했다. 다시 말해 나르시시즘의 만족 없이는 타인을 위한 진심의 배려와 공감까지도 가능할 수 없다.

자신을 대하는 상대방의 태도가 마음에 들지 않는다면 우리의 행동에도 문제가 있을 것이다. 바로 자신의 행동에 변화가 필요한 때이기도 하다. 남에게 자신이 어떤 대접을 받고 싶은지에 대해 알리는 것도 자신의 책임이기 때문이다. 그럼에도 불구하고 우리는 흔히 다른 사람의 탓을 한다. 자신을 누군가가 무시하거나 괴롭히는 것의 절반의 책임은 자신이 잘못한 탓인데도 말이다.

나는 거절을 잘 못하는 편이다. 그래서 사실 짱구를 그리고 짱구처럼 "나는 이렇게 하고 싶어." 라고 당당히 말하는 사람을 많이 부러워한다. 내가 할 수 있는 범위 내의 부탁을 들어주는 것이라면 상대방도 나도 좋은 일이지만, 처음엔 내 욕심에 "해줄 게" 라고 말해 놓고선 나중에 "미안합니다." 라고 말하는 일이 빈번했다. 그래서 이제는 일에 대한 제안을 받거나 부탁을 받으면 우선은 바로 대답하지 않고 시간을 좀 달라고 한다. 나의 상황을 좀 더 객관적으로 살펴본 후 시간적 정신적인 여유가 있는지를 반드시 체크해 본 다음 가능성의 여부에 대해 대답하게 되었다. 그랬더니 나에게도 상대방에게도 훨씬 긍정적인 결과로 나타났다.

예의를 지키는 것과 자기희생을 혼동하면 안 된다. 누군가가 두 번이고 세 번이고 듣고 싶지 않은 과거사나 우울한 이야기 혹은 남의 흉을 늘어놓는다면 "그 얘기는 이미 들었습니다." 라고 정중하게 말하라. 자신이 할 수 있는 무리한 부탁을 "좀 해줘! 나한테 그 정도는 해주어야지." 라는 교묘한 말로 당신에게 떠밀려 한다면 이때도 "아, 나한테는 좀 무리야. 못하겠어." 라고 솔직하게 말하자.

한 가지 오해하기 쉬운 말 중 하나는 "나, 너한테 실망했어."이다. 언뜻 듣기엔 내가 상대방에게 무엇인가를 잘못했고 미안해야 할 것 같은 말이다. 하지만 내가 기대하라고 한 적이 없는데 자기 멋대로 기대라는 감정을 갖은 것은 사실 상대방이다. "너한테 기대했는데 실망했어." 라는 말은 "내 마음대로 너한테 기대라는 부담을 주었었는데 그 사실로 인해 내가 힘드네."로 생각하고 해석하라. 이 말을 들을 때 죄책감은 갖지 않아도 된다. 반대로 자신이 누군가에게 "기대했는데 실망했어." 라는 말로 괜한 투정을 부리고 있는 것은 아닌지 한 번 생각해보자.

물론 살면서 혼자 기대하고 실망감을 느끼는 순간이 있다. 하지만 적어도 말로 그런 감정을 전달하는 것에 대해서는 다시 한 번 생각해보라.

기대감의 주체는 '그 사람'이 아니라 '나'였다는 사실을 떠올리면 그런 말로 상대방의 기분을 상하게 만들지 않을 수 있게 된다.

나르시시즘 자기를 지나치게 사랑하고, 자기중심적인 사고방식을 가지고 자기도 취에 빠져 있는 현상을 말한다. 원래 나르시시즘이라는 말은 1899년, 정신의학자 네케Necke가 처음으로 사용했다. 이 말은 그리스 로마 신화에 나오는 나르시스에서 유래된 말로, 자기도취에 빠져 자기를 사랑의 대상으로 삼는 이를 일컫는 말로 사용한다.

수월한 감정 표현을 돕는 '나 전달법'

감정을 드러내고 표현하는 효과적인 방법 중 한 가지는 '나 전달법 I-Message'이다. 짱구가 말하는 것을 잘 들어보라. "엄마, 나는 엄마가 왜 화가 나셨는지 잘 모르겠어요." 라고 표현한다.

나 전달법은 주어를 '나'로 하는 대화 방식으로 이를 통해 자기감정을 먼저 표현하는 훈련을 할 수 있다. 회사에서 일로 인해 후배나 동료와 부딪힐 때 '너 전달법You-Message'을 쓰면 "너 때문에 일을 다 망쳤잖아, 너는 왜 제대로 하는 일이 하나도 없냐?" 라고 표현하게 된다.

이러한 표현은 자기감정을 드러낸다기보다는 상대방에 대해 공격적인 태도를 취하게 된다. 같은 상황에서 '나 전달법'을 사용하면 대화는 확 달라진다. "내가 너에게 이런 사항에 대해서는 제대로 말해주지 않았구나. 일이 제대로 되지 않아서 나도 기분이 좋지 않아." 라고 말하면 자기감정을 드러내고 상대방과의 공감대도 수월하게 형성된다.

모든 관계에서도 '나 전달법'은 더 수월한 감정 표현을 하게 해준다. 그러나 그 사람 때문'이라고 은연중에 상대방의 탓을 하다보면 우리 스스로를 피해자로 인식하게 된다. 언뜻 생각하기엔 '내 잘못이 아니다.'고 생각해서 잠깐의 위안을 얻게 될지 모르지만 남의 탓만 하다보면 나의 삶에 대해 누군가의 조정을 받고 있음을 인정하는 셈이다. 그러니 내가 내 감정의 책임자라는 사실을 기억하자. 그러면 삶도 점점 주도적으로 변화할 것이다.

❝ 못 말리는 짱구의 메시지

짱구처럼 자신에게 솔직해지고
자기표현도 솔직하게 하자.
자기를 사랑함에서부터,
건강한 자기애,
즉, 나르시시즘에서부터
건강한 인간관계도 시작된다. **❞**

 <뮬란>의 작은 용 무슈의 메시지

"삶을 든든하게
이끌어 줄
스승 한 분쯤 모셔봐"

:: **뮬란**Mulan

1998년, 미국의 월트 디즈니 프로덕션에서 중국의 구전 설화를 재구성하여 제작한 애니메이션 영화다. 중국의 구국소녀인 목란木蘭에 대한 설화를 각색한 작품으로, 화려한 색채와 동양적 여백의 미, 선의 아름다움을 잘 살렸다고 평가받고 있다.

"유능한 사람 뒤에는 항상 다른 유능한 사람이 있다."

-중국속담

파씨 가문의 외동딸로 태어난 17세의 말괄량이 소녀 뮬란Mulan. 부모와 할머니는 그녀가 좋은 집안으로 시집가서 가문의 명예를 높이기만을 바랄 뿐이다. 그녀도 처음엔 그 바람에 부응하고자 노력하지만 결과는 좋지 않자 오히려 의기소침해진다.

그 무렵 훈족이 침입하여 병들고 나이든 아버지는 또 다시 전쟁에 나가야할 상황에 처한다. 그녀는 고심 끝에 자신이 여자임을 숨기고 부모님 몰래 전쟁터로 향한다. 바로 이 때 한없이 불안해하는 그녀 곁에 "지금부터 날 믿어봐, 난 널 도우러 왔어!" 라고 말하며 무슈가 나타난다. 용이라고 하기엔 왜소한 체구의 무슈를 보며 처음엔 뮬란도 '저 아이가 날 도울 수 있을까?' 라는 걱정이 앞선다. 하지만 무슈는 수많은 남자들 사이에서 남자처럼 생활해야 하는 뮬란에게 "남자답게 좀 해봐, 가슴을 좀 펴고 큰 목소리로… 그렇지!" 라면서 일일이 남자답게 보이는 법에 대해 조언하기도 한다. '저 아이, 왕따 당하면 어쩌지?' 혼잣말도 하면서 뮬란을 보내놓고는 걱정도 한다.

뮬란은 남자들 사이에서 갖은 고생을 하지만 무슈의 이런 저런 코칭 능력 덕분에 점점 동료들 사이에서도 능력을 인정받게 된다. 훈족과의 전투에서도 지혜와 재치를 발휘하여 결국 적도 섬멸하게 된다. 하지만 이 전투에서 그만 부상을 입게 되어, 뮬란이 여자라는 사실이 밝혀지고 군대에서 추방당한다. 힘없이 집으로 돌아가야만 하는 상황, 이때 다시 무슈는 그녀에게 외친다. "힘을 내, 뮬란! 마지막까지 너와 함께 할게, 약속해!"

지혜로운 조언자를 만나라

사르트르가 '인생은 B Birth와 D Death 사이의 C choice다'라고 표현한 것처럼 인생살이는 선택의 연속이다. 그렇다면 옳은 선택 혹은 후회 없는 선택을 위해 할 수 있는 현명한 방법에는 무엇이 있을까?

시도와 실패라는 시행착오를 통해 새로운 해결책을 찾아내고 좀 더 넓고 깊게 세상을 보면서 배워나가는 원리를 가리켜 '학습 딜레마

^{Learning Dilemma}'라고 한다. 우리는 살아가면서 끊임없이 학습해간다. 이러한 학습의 궁극적인 목적은 그만큼 성장하고 나아지기 위해서다. 특히 성공한 사람의 위인전을 읽어보거나 인터뷰를 통해 그 성공에 있어 큰 역할을 한 요인들에 대해 살펴보다 보면 한 가지 특징을 발견할 수 있는데, 바로 '인생에 있어 자신이 닮고 싶은 사람이 있었다.'는 점이다.

미국의 한 교수가 성공한 사람들 1,680명을 인터뷰한 결과 68퍼센트 이상이 '자신의 멘토가 있다.'고 답변했으며, 여성 리더나 성공한 사업가들에게는 두 명 이상의 멘토가 있는 것으로 조사되었다.

멘토Mentor라는 단어의 원래 의미는 호머의 오디세이에 등장하는 '멘토르', 즉 오디세이의 충실한 조언자이며 동시에 오디세이의 아들인 텔레마코스의 교육을 맡은 사람을 가리키는 말에서 비롯된다. 쉽게 말해 '현명하며 신뢰를 할 수 있는 상담 상대이자 스승이며 후견인'을 의미한다. 멘터조언받는 편은 말하자면 일종의 프로테제피보호자=제자로 멘티Mentee라고도 불린다. 바로 앞에서 얘기한 무슈는 뮬란에게 있어 멘토였던 것이다.

성공한 여성 앵커이자 커뮤니케이션 전문가인 백지연 씨는 자신의 책 『자기 설득 파워』에서 자신에게도 선배로서 조언을 해주는 멘토가 있다고 말한다. 자신의 한계를 느낄 때에는 "선배, 차나 한잔해요." 라고 전화를 한다. 그러면 선배는 반드시 시간을 내어준다. 그녀가 '왜 힘든지, 무엇 때문에 고통스러운지'라는 소소한 상황에 대해 말하지 않더라도 "우리 일이 다 그렇잖니." 라는 말로 격려해주면 그녀는 힘과 용기를 얻는다.

성공한 사람에겐 롤모델이 있다

지금 당장 주변에서 자신의 문제나 결정에 대해 상담해주고 지혜를 빌려 줄 누군가가 있는가? 당신의 힘만으로는 눈앞의 장애물을 극복하기 힘들 때 지친 당신에게 애정이 담긴 조언과 격려를 보내 줄 사람을 찾아라. 그 멘토가 선배이건 스승이건 속 깊은 손위 상사라도 좋다. 분명 당신이 고난을 극복하고 이루어 낸 결과에 대해 뮬란의 멘토 무슈가 그랬듯 당신보다 더 기뻐할 것이다.

FIFA 주관 대회에서 한국을 최초 우승으로 이끈 여자 축구대표팀의 여민지 선수의 다큐멘터리를 본 적이 있다. 그녀가 축구를 시작하면서 단 하루도 거르지 않고 한 것은 연습뿐만이 아니었다. 그녀는 초등학교 4학년 때부터 훈련일지를 매일 매일 적어 왔는데 그 일지에는 "나는 박지성 선수처럼 성공한 축구선수가 되고 싶다." 는 글귀가 적혀있었다. 그녀의 롤모델Role Model은 바로 박지성 선수였고, 그녀는 박지성 선수처럼 그 꿈을 이루었다.

이처럼 롤모델이란 누군가 자신도 그와 비슷해지고 싶다고 생각하는 사람을 모델로 삼아 그 사람처럼 되려고 노력하는 것을 말한다. 성공한 사람들의 대다수가 인생의 롤모델을 갖고 있다. 하지만 요즘처럼 다양한 직업이 있고 변화가 빠른 세상 속에서 단 한명의 롤모델을 선택하기란 어려울 수도 있다. 또는 롤모델이나 멘토가 '내게는 너무 먼 그대'로 느껴진다면 '휴먼 스킬Human Skill'을 활용해보자. 이는 자신이 바로 그 롤모델이 된 것처럼 생각하고 행동하는 기법을 말한다. 존경하는 그분을 나 자신과 동일화시켜 '그 사람이라면 이런 상황에서 어떻게 현명한 대처를 했을까?'하고 생각해 보는 것이다.

이렇듯 존경하거나 그렇게 되고 싶은 인물을 자신과 동일한 사고의 기준으로 삼으면 실제로 놀라운 효과가 나타난다. 반드시 그 대상이 위대한 인물일 필요는 없다. 자신이 본받고 싶은 점이 있는 주변인이나, 여러 인물들 중에서 그들의 장점만을 정리하여 가상의 인물을 만들 수도 있다.

멘토Mentor 호머의 오디세이에 등장하는 '멘토르', 오디세이의 충실한 조언자이며 동시에 오디세이의 아들인 텔레마코스의 교육을 맡은 사람을 가리키는 말에서 비롯된다. 쉽게 말해 '현명하며 신뢰를 할 수 있는 상담 상대이자 스승이며 후견인'을 의미한다. 멘터조언받는 편은 말하자면 일종의 프로테제(피보호자=제자)로 멘티Mentee라고도 불린다.

자기만의 맞춤형 롤모델을 찾아라

뮬란, 그녀는 얌전하고 아름다운 여인의 이미지와는 달리 평범한 외모에 더군다나 특별한 초능력도 없었으나, 가족 특히 아버지를 대신하는 효성을 지녔고 결국 국가를 구하는 적극적인 인물이다. 물론 뮬란이 혼자의 힘으로만 모든 상황을 헤쳐나간 것은 아니다. 그녀의 멘토, 작은 용 무슈의 도움도 받아 자신감을 되찾았고 중대장 샹이나 다른 캐릭터들의 도움을 받았다. 하지만 이렇게 도움을 받으면서도 결국 모든 상황에서 그녀의 의지대로 판단을 내렸고, 작은 실패와 좌절을 슬기롭게 극복해 나갔다.

나는 우울하거나 뜻하지 않게 상처 받았을 때 뮬란을 떠올린다. 또 시간적 여유가 있다면 주저 없이 다시 애니메이션 〈뮬란〉을 본다. 이젠 너무 잘 아는 이야기지만 볼 때 마다 점점 힘이 나는 것을 느낀다. "그래 힘내자!" 라고 중얼거리기도 한다. 어떠한 상황에 처했던 자신의 가능성을 외면하지 않고 힘들 때마다 지혜롭게 극복해가는 그녀의 모습은 나에게 롤모델이 되어준다.

뮬란뿐만이 아니다. 자신도 돼지가 되어버릴지 모르는 불안한 상황에서도 용기를 잃지 않는 〈센과 치히로의 행방불명〉의 주인공 치히로, 그녀를 구출하기 위해 최선을 다하는 멋진 소년 하쿠, 얼짱 몸짱 신드롬 속에서 우리에게 적지 않은 위안을 주는, 예쁘지는 않지만 인기짱 개성 만점 캐릭터 딸기, 따뜻한 눈빛으로 말없이 힘들 때마다 나타나 도움과 위로를 주는 통통한 몸매의 이웃집 토토로Totoro, 아이들에게 유해한 요소가 있는 상품이나 성인들을 대상으로 하는 상품과는 함께 하지 않는 지조 있는 어린이만의 캐릭터 미피Miffy 등 캐릭터들을 잘 관찰해보라. 그들에게서 사람보다 강하고 의리 있으며 지조 있는, 더 인간적이고 훌륭한 모습을 찾을 수 있다. 이런 캐릭터들을 롤모델로 삼아보는 것은 어떨까. 적어도 사람처럼 변심하거나 흐트러진 모습은 보이지 않으니까 말이다.

❝ 뮬란의 작은 용 무슈의 메시지
조언과 지혜를 주는 인생의
멘토를 만나라.
자신을 성장시킬 수 있는
롤모델을 찾아라.
그리고 그를 통해
성장해 가라. **❞**

자살토끼의 메시지

"슬퍼? 화나?
죽을 것 같아?
그럼 이렇게 한번 해봐"

:: **자살토끼**

작가 '앤디 라일 리'의 작품이다. 국내에서는 『자살토끼』라는 제목으로 2004년 거름 출판사에서 발행되었다. 무표정한 흰 토끼가 온갖 기상천외한 방법으로 자살을 시도하거나 자살에 성공한 모습을 그린 카툰이 처음부터 끝까지 계속된다. 자살을 하려고 온갖 방법을 시도하는 토끼의 모습에서 삶에 대한 낙천주의와 소박한 일상의 즐거움을 역설적으로 느낄 수 있다.

"우리를 화나게 만드는 타인들의 모든 면은 결국 우리 자신에 대한 이해로 이어진다."
-칼 융

일상에서 때때로 자신의 책임이 지나치게 막중하다고 느껴질 때가 있다. 명확한 목표를 갖고 있어도 막연한 두려움이 밀려들기도 하고 이유도 모르게 한없이 기운이 빠질 때도 생긴다. 그 이유가 실연이었건 도전에의 실패였건 간에 누구나 살면서 한 번쯤 죽고 싶을 때가 찾아온다. 몇 년 전 겨울, 이런저런 스트레스에 시달리던 나는 목적지로 가던 도중 잠시 서점에 들렀다. 그때 수 만권의 책 가운데 유독 눈에 들어오는 주황색의 작은 책이 있었는데 이는 바로 『자살 토끼』였다. 책을 펼치면 무표정한 하얀 토끼 한 마리가 무언가를 열심히 시도하고 있다. '뭘 하고 있는 거지?'라는 호기심과 함께 찬찬히 살피다 보면 그 시도의 범상치 않음을 발견하게 된다.

그 토끼의 염원이 다름 아닌 '자살'이고 그 시도를 그야말로 눈물겹게 하고 있다는 다소 충격적인 사실과 마주하게 된다. 하지만 자살이라는 말의 느낌인 섬뜩함은 잘 느껴지지 않는다. 스위치가 온ON으로 되어 있는 토스터 안에 토끼가 들어가 있는 표지 그림만 보아도 자살하기 위해 토끼가 시도하는 방법들은 놀랄만큼 깜찍 엽기 발랄하다.

이 자살토끼는 2차 세계대전 와중에 할복하려는 일본군 병사의 등 뒤에 찰싹 붙어 함께 칼에 찔리고, 지하 핵실험 장을 파고드는가 하면 다른 동물들이 황급히 노아의 방주에 오르고 있을 때 자리를 펴고 일광욕을 즐기는 유유자적한 자살 시도를 하기도 한다. 곤히 잠자고 있는 큰 개의 꼬리를 스테이플러 사이에 올려놓고는 그 위로 뛰어내리거나 자기가 던진 키의 열 배 쯤 되는 긴 죽창이 날아간 곳으로 뛰어가 자신을 관통하도록 만드는 방법도 써본다. 혹은 가만히 놔두어도 위협적인 벌집을 일부러 뒤흔들어 온통 벌에 쏘임으로 자살을 시도하고, 어린 시절 한 번쯤 하고 놀았던 태양의 반사열을 이용에 자신을 태양열로 태워버리기를 서슴지 않는다.

자살토끼가 무슨 이유에서 자살을 하려는 것인지는 모른다. 하지만 분명 토끼는 우울하기보다는 오히려 상황을 즐기고 있다는 느낌을 준다. 만약 이 토끼가 항상 한숨을 오르락내리락 쉬면서 눈물만 뚝뚝 흘린다면 매력이 없었을 것이다. 그런데 이 토끼는 자살 시도를 하면서도 상황을 즐겁게 받아들이고 있다. 이러한 묘한 아이러니함이 마음을 자극한다.

자살 충동은 가장 극단적이고도 비극적인 감정이다. 그리고 이는 자신의 부정적인 감정을 제대로 처리하지 못했을 때 발생하는 최악의 상황이다. 이런 시도를 하기 전의 지배적인 감정은 바로 '우울감'이다. 우울감은 때로는 가벼운 감기처럼 일시적으로 또는 심한 독감처럼 일상생활에 치명적인 악영향을 준다.

우울증 쉽게 걸리게 만드는 한숨의 괴력

우울증에 대해 연구하는 한 심리학자가 있었다. 이 학자는 자신은 우울증에 걸려본 적이 없는 터라 우울증을 앓고 있는 사람의 기분을 제대로 알 리가 없다면서 일부러 이런저런 방법을 동원하여 우울해지려고 노력했다. 그러던 중 누구라도 우울증에 걸리는 방법을 발견하게 되었다. 그것은 하루에 1,000번씩 3개월 간 "후유~"하고 한숨을 쉬는 것이었다. 결국 이 실험을 체험한 학자는 결국 우울증에 걸리고 말았다. 이로 인해 그는 연구는커녕 일상생활이 불가능해졌다. 주변 사람들의 도움으로 간신히 우울증에서 벗어날 수는 있었지만 이로 인해 '한숨 쉬는 것이 우울증을 유발한다.'는 사실은 실증된 셈이다.

우울해지는 요인에는 걱정과 부정적인 사고가 가장 크게 작용한다. 같은 상황에 대해서도 쉽게 우울함을 느끼는 사람이 있다. 대부분 이런 사람들 중에는 'A타입' 유형이 많다. A타입이란 남에게 인정받고자 하는 욕구가 강하고 일처리 또한 빈틈없고 꼼꼼한 편으로 자신은 느끼지 못해도 상대방이 볼 때는 '에구 일벌레, 저 꼼꼼이, 저 완벽주의자'라고 일컬어지는 유형이다. 이러한 사람은 쉽게 자신을 혹사시킨다. 이런 유형이 아니라 하더라도 우울감을 자주 느끼는 사람은 자신과 상대방에 대해 혹은 아직 일어나지 않은 미래에 대해 부정적으로 해석하는 경향이 강하다. 게다가 자신을 평가절하하고 자주 스스로를 비난한다. 이런 사람의 특징은 바로 내면에 우울감을 숨기고 있다는 것이다. 차라리 속 시원하게 털어놓으면 될 일도 마음 안에 꽁꽁 숨기고 있으면서 혼자서 속병을 앓는다. 겉으로는 자신이 '우울하다'는 느낌을 주지 않기 위해 무척이나 애쓰다가 결국 자기 스스로를 더 괴롭히고 자살을 선택하기도 한다. 나 또한 남보다 우울감을 잘 느끼는 A타입이다. 그래서 이 우울감을 극복하기 위해 내가 생각해낸 사고법은 바로 '그러려니 정신'이다.

우울함을 날리는 '그러려니 정신'과 '바람의 법칙'

내 잘못으로 인해 나도 모르게 '후유' 하고 한숨이 나올 상황에서도 한숨 대신 '뭐 그럴 수도 있지' 라며 나오려는 한숨을 한 번 참는 것이다. 특히 남이 나와는 다르게 행동하고 말한다고 해도 '뭐 그러려니 하자' 라고 생각해보자. 모든 상황에 대해 발끈 화를 내는 대처법보다 '그러려니 정신'을 선택하는 편이 훨씬 마음의 평화와 친해질 수 있다. 다음과 같은 이야기를 들어본 적이 있을 것이다.

한 나이 든 농부가 있었다. 그에게는 말이 한 마리 있었는데 어느 날 그 말이 언덕으로 도망쳤다. 이웃의 다른 농부들은 "아, 이 일을 어쩐답니까?" 라면서 그 농부를 위로했다. 하지만 정작 그 농부는 "이 일이 행운인지 불행인지 누가 알겠습니까?" 라고 대답했다. 그리고 며칠이 지난 후 어느 날이었다. 농부의 아들이 야생마를 길들이려고 하다가 말에서 떨어져 다리가 부러지는 사고를 당했다. 모두들 이에 대해 "안됐군요. 쯧쯧" 하면서 위로 했다. 하지만 농부는 이번에도 "이 일이 불행인지 행운인지 누가 알겠습니까?" 라고 했다. 그 일이 있고나서 며칠 후 전쟁으로 인해 군대가 마을로 들어와 신체 건강한 청년을 대상으로 징집했다. 하지만 이 때 농부의 아들은 부러진 다리로 인해 이 대상에서 제외되었다.

나는 원하고 바라던 결과대로 일이 풀리지 않을 때면 앞의 이야기를 떠올린다. 그리고 '이 또한 언젠가는 나에게 득이 될 거야'라고 생각한다. 그 당시의 힘든 상황은 시간이 지나야만 그 상황이 주는 교훈을 알려주기 때문이다.

살면서 '왜 나에게 이런 일이 닥치는 걸까?' 하고 억울한 생각이 들 때가 종종 생긴다. 그리고 '저 사람은 나보다 노력하지 않는 것 같은데 잘

나가는 걸까?' 하는 생각으로 마음엔 멍이 들고 부아가 치밀기도 한다. 학생시절 옆의 친구가 "나 어제 공부 하나도 못하고 자 버렸어. 어떡해" 하고 엄살을 부리더니 결과가 나보다 좋았던 기억도 그렇고, 바쁜 일상에서 틈틈이 공부한다고 했건만 토익점수는 제자리 걸음이라 한숨만 나오는데 무심코 웹사이트를 통해 "전 외국 한번 나가지 않고 900점이 넘어요." 라면서 환하게 웃고 있는 어린 학생의 멘트를 접할 때면 속 뒤집어지게 얄밉다. 이 정도는 '에잇' 해버리고 말 일이라 하자. 하지만 나름대로 열심히 살고 있다고 생각했는데 예고 없이 사고를 당하거나 노력한만큼 남들에게 인정받지 못한 적은 없는가? 너무나 들어가길 원했던 학교나 회사가 받아주지 않을 때의 절망감은 어떻게 극복해야 할까.

지금 당장은 실망스럽고 우울한 상황이라도 '이 일이 과연 나에게 나쁘기만 한 것일까?' 하고 자문해보라. 그리고 앞서 말한 이야기가 주는 교훈처럼 나쁜 일이나 좋은 일도 그저 스쳐지나가는 바람이라는 생각이 들어 '바람의 법칙'이라 이름 붙였다. '그러려니 정신'과 '바람의 법칙'을 기억하라. 그러려면 마음의 평화도 한 걸음 가까워진다.

'바람의 법칙'과 '그러려니 정신' 한숨이 나올 상황에서도 한숨대신 '뭐 그럴 수도 있지' 라고 생각해보고, 남이 나와는 다르게 행동하고 말한다고 해도 그러려니 해보며 나쁜 일이나 좋은 일도 그저 스쳐지나가는 바람이라고 생각하자. '그러려니 정신'과 '바람의 법칙'을 기억하라. 그럼 마음의 평화도 한 걸음 가까워진다.

용서,
어렵지만 효과만점 해결책

흔히 사용하는 말 중에 "내 참, 기가 막혀서!" 라는 표현이 있다. 바로 말이 통하지 않거나 속 시원히 말을 할 수 없을 때 무의식중에 내뱉게 된다. 이 말 속에는 상대방에 대한 미움과 분노가 포함되어 있는데 이러한 미움이라는 분노가 바로 우리 스스로의 기를 막고 건강에 더 악영향을 미친다고 한다.

누구나 살아가면서 화가 나는 상황에 직면한다. 그리고 때로는 화를 내기도 한다. 사람에 따라 아주 사소한 일에도 버럭 화를 내는 사람이 있는가 하면 웬만한 일에는 '그럴 수도 있지'라고 넘기는 사람도 있다. 정도의 차이는 있을지언정 '화(분노)'라는 감정은 예고 없이 우리를 찾아온다.

분노를 다스리는 최고의 방법은 용서다. 하지만 용서가 말처럼 어디 쉬운 일인가. 『상처와 용서』의 저자인 송봉모 신부님은 세상에서 가장 하기 어려운 것 두 가지를 들라면 그것은 '죄를 안 짓는 것'과 '내게 상처 준 사람을 용서하는 일'일 것이라고 말씀하신다. 그 정도로 용서하기란 간단하지도 쉽지도 않다. 그럼에도 불구하고 용서를 해야만 하는 이유는 아주 명확하다. 바로 내 마음의 평화를 위한 가장 현명한 방법이기 때문이다.

심리학자들은 여러 가지 비유를 통해 증오심과 분노로 인한 파괴성을 강조한다. '그것은 언젠가 나에게 상처를 준 그에게 던질 심산으로 새빨갛게 달군 돌멩이를 몸에 품고 다니는 것과 같다. 그러다 내가 지치고 내가 덴다.'라는 생생한 표현을 한다. 이처럼 내가 나의 화(분노)에 데어 더 아프게 된다. 그러니 나를 무시했지만, 나를 화나게 만들었지만 그래도 용서하자. 그를 위해서가 아니라 나를 위해, 내가 더 아프지 않기 위해서 말이다.

웃자, 웃자 크게 웃자!

유머로 인한 웃음은 상대방을 즐겁게 할 뿐만 아니라 나도 즐겁게 해준다. 한 실험을 통해 공포영화 한 시간을 감상한 후에 나온 높은 스트레스 지수는 개그 프로그램 한 시간 시청으로 인해 정상으로 돌아올 수 있음이 증명되었다. 스탠포드 대학의 윌리엄 프라이William Fry 박사에 의하면 웃음은 엔도르핀을 형성하는데, 이는 진통 효과를 갖고 있으며 동맥을 이완시켜 혈액순환을 좋게 하고 혈압을 낮추는 등 건강하게 만드는 효과가 있다고 한다. 이밖에도 유쾌한 웃음이 주는 긍정적인 효과에 대해서는 많이 알려져 있다. 누군가 의기소침해 있다면 재미있는 얘기를 해주거나 즐거운 기분이 들도록 해주라. 웃음 앞에선 우울함도 쉽게 극복할 수 있다.

머스플 랩터Mirthful Laughter란 근육이 움직일 정도로 크게 그리고 유쾌하게 웃는 웃음을 말한다. 이러한 웃음이 터지는 그 순간에 면역세포는 왕성한 활동을 시작하며 그 효과도 오래가게 된다. 항체란 특정 병원체에 대항하는 면역체인데 웃고 난 후 항체가 가장 많이 만들어졌고 열두 시간이 지난 후에도 크게 줄지 않았다고 한다. 미국 응용행동과학연구소 아서 스톤Arthur M.Stone 박사는 "나쁜 일이 일어난 날에는 면역기능이 억제돼서 하루 동안 그 기능을 제대로 발휘하지 못한다. 그러나 좋은 일의 경우는 면역에 미치는 효과가 시간이 지날수록 증가해서 장기적으로 효과가 있다."라고 말한다.

사람뿐만이 아니다. 개들도 웃는다. 개들의 웃음소리 또한 다른 개들에게 긍정적인 영향을 준다. 실제로 한 프로그램에서 전국에서 가장 잘 웃는다는 개들의 웃는 소리를 녹음하여 우울증에 시달리는 한 강아지에게 들려주었다. 그랬더니 일어서기는커녕 눈도 제대로 뜨지 못했던 강아지가 그 소리에 귀를 쫑긋거리더니 결국엔 일어나서 주인에게로 걸어갔다. 또 만나기만 하면 싸우고 짖어서 도저히 함께 둘 수 없었던 개들에게 녹음한 개들의 웃음소리를 들려주니 갑자기 짖는 것을 멈추고는 서로 꼬리를 흔들었다. 이렇게 웃음이란 사람이건 동물이건 간에 긍정적 영향을 주는 치료제가 된다.

함께 어울려 살면 더 웃는다

웃음을 과학적으로 연구한 최초의 인물은 미국 심리학자이자 메릴랜드 대학 교수인 로버트 프로빈Robert R. Provine이다. 그는 사람들을 직접 만나면서 무엇이 그들을 웃기는지 관찰하여 놀라운 사실들을 밝혀냈다. 일상적인 대화에서 발생하는 웃음의 80퍼센트 이상은 유머익살스러운 농담와 아무런 관계가 없는 것으로 나타났다.

예를 들어 "다음에 또 만나자." 라든가 "어떻게 지내세요?" 등 전혀 웃기지 않는 말을 듣고 사람들이 웃는다는 것이다. 유머가 담겨 있다고 판단되는 말에 의한 웃음은 20퍼센트에 불과했단다. 프로빈 교수는 사람이 혼자 있을 때보다 다른 사람과 함께 있을 때 30번 정도 더 웃는다는 사실도 발견했다. 개그 프로그램을 혼자 보는 것보다 사람들과 이야기를 통해 함께 함으로써 훨씬 더 웃게 된다니 사람은 확실히 어울려 살아갈 때 더 행복 할 수 있는 존재인가보다.

우리는 때때로 너무 수동적으로 화라는 감정을 억제하거나 오히려 너무 공격적이 되어버리기도 한다. 가장 좋은 해결책은 합리적인 자기주장Assertiveness이다. 자신의 감정에 대해 수동적인 경우 자신이 원하는 것이나 생각하고 느끼는 점에 대해 의기소침해지거나 죄책감을 느낄 수 있다. 반면에 지나치게 공격적인 경우라면 자신이 원하고 생각하고 느끼는 것에 대해 표현하지만 이로 인해 주위 사람들을 불쾌하게 만들거나 힘들게 할 수 있다. 그러므로 자신의 감정에 대한 조절은 무척 중요한 일이다.

"자살까지 가는 것은 그들에게 삶을 살아갈 용기가 없어서가 아니라 더 이상 버틸 힘이 없었기 때문이다. 결핍된 것은 사랑이다." 빈민구제를 위해 평생을 봉사하셨던 아베 피에르ʟ'abbe Pierre 신부님의 말씀이다. '자살'을 거꾸로 읽으면 '살자'가 된다. 불행한 일을 겪었다고 하더라도 힘든 상황이라 하더라도 이에 대해 해석하는 사고방식을 살짝 바꿔보자. 자살토끼의 기상천외한 자살 시도를 우리는 깡충깡충 활기차게 잘 뛰어다니는 살자토끼로 활기차게 다시 그려보는 건 어떨까.

> **❝ 자살토끼의 메시지**
> 때때로 찾아오는
> 우울함과 분노를
> 현명하게 다스리는
> '그러려니 정신'과
> '바람의 법칙'을 기억하라.
> 그러면 마음의 평화도
> 한 걸음 가까워진다.**❞**

 ©『자살토끼』(2004, 앤디 라일리, 거름출판사)

<하울의 움직이는 성> 소피의 메시지

"힘들지? 그래도 일단 지금의 현실을 순순히 받아들여봐"

: : **하울의 움직이는 성** ハウルの動く城

미야자키 하야오 감독의 장편 애니메이션 영화로 영국의 동화작가 다이애나 윈 존스 Diana Wynne Jones가 1986년 발표한 동명 공상소설의 일본어 번역판『마법사 하울과 불의 악마魔法使いハウルと火の悪魔』를 미야자키 하야오가 각색했다. 일본에서 크게 흥행하였으며 한국에서도 많은 관객이 관람했다.

> "고통이나 운명을 의식적으로 받아들이는 것은
> 인간의 가장 큰 능력 중 하나가 될 수 있다."
> -빅토르 프랑클

아주 어린 시절의 어느 날, 할머니께서는 "섣달 그믐날 밤잠을 자면 눈썹이 하얗게 변하니 그날은 반드시 밤을 새워야 한다."고 말씀하셨다. 이 말에 '어쩌면 좋지. 난 밤을 샐 자신이 없어.' 라고 무척 걱정이 앞섰다.

섣달 그믐날 밤, 시간이 지날수록 눈꺼풀은 무거워져만 갔고 난 어느새 잠이 들었다. 긴장이 되었던 탓이었는지 새벽쯤이 되어서 눈을 떴다. '정말 눈썹이 하얗게 변했으면 어쩌지…'라는 걱정스러운 마음으로 거울에 모습을 비추어 보았다. '앗!' 순간 하얀 눈썹의 내 모습에 심장이 멈추는 것 같았다. 그리고 바로 "와 앙" 울음을 터뜨렸다. 하지만 울면서 눈을 비비다 보니 눈썹이 좀 두껍고 단단했다. 좀 이상한 마음에 다시 거울에 비춰보니 눈썹 위에는 밀가루 반죽이 붙어 있었다. 나를 놀려주려고 할머니께서 눈썹 위에 발라놓으셨던 것이었다. 하지만 흰색 눈썹을 거울에 보았을 때 순간적인 공포감의 기억만큼은 몇 십 년이 지난 지금도 나의 뇌리에 또렷이 남아 있다.

애니메이션 〈하울의 움직이는 성〉의 주인공 소피. 그녀는 당시 열 여덟 살의 예쁜 소녀였다. 하지만 마법사 하울을 좋아하게 되었고 이러한 사실이 마녀의 질투심을 일으켜 저주를 받게 된다. 그 저주로 인해 그 야말로 어느 날 갑자기 '아흔 살 할머니의 모습'으로 변해버린다. 이 장면을 보면서 나도 모르게 "어떡해!"라는 말이 튀어나왔다. 마치 어린 시절, 거울에 비춰졌던 '흰색 눈썹의 공포'가 되살아나는 것 같아 섬뜩했다. 분명 어린 시절의 나처럼 주인공 소피도 큰 소리로 울음을 터트릴 것이라고 생각했다. 하지만 그녀는 나와는 전혀 달랐다.

"이게 정말 나야? … 침착하자 침착해." "아무리 발버둥 쳐도 소용없어."라는 말로 자신을 달래고 위로하는 거였다. 게다가 속 깊은 그녀는 자신의 변화로 인해 주변 사람들이 겪을 충격까지도 걱정했다.

그 후 제일 먼저 그녀가 한 일은 살던 마을을 조용히 떠나는 것이었다. 소피는 자신의 변화한 모습을 매우 침착하게 받아들였다. 그리고 자신의 현실을 넋 놓고 원망하지 않고 적극적으로 부딪히기 위해 〈하울의 움직이는 성〉을 찾아간다.

상실이라는 현실의
현명한 대처법

현실을 직시한다는 것, 급작스럽게 자신의 변화된 상황을 받아들인 다는 것은 엄청난 용기를 필요로 한다. 로또 당첨과 같은 긍정적인 변화 도 준비되지 않은 상태에서 일어날 경우 타락이나 중독이라는 무시무시 한 결과로 이어져 가정 파탄이나 당첨이전 보다 황폐해진 사람으로 만 들어버리기도 한다. 하물며 긍정적인 변화도 마음의 준비와 적응이라는 단계가 필요한데 자신의 삶을 송두리째 바꿔버린 상실이라는 변화를 맞이한다면 과연 소피처럼 침착하고 꿋꿋하게 상황을 직면하고 헤쳐 나 갈 수 있을까?

자신에게 꼭 필요했던 무엇이나, 소중한 사람을 잃었을 때와 같은 커 다란 상실감에 부딪히게 되면 우리는 '현실직시'에 이르기까지 감정의 몇 가지 단계를 거치게 된다. 고든 리피트Gordon Lippit 박사의 주장에 의 하면 처음 단계에서는 사건이 발생한 충격Shock에서 시작하여 '설마'하 는 마음의 의심Disbelief으로 이어진다고 한다. 그러다가 자신이 뭔가를 잘 못했기 때문에 그러한 결과가 생긴 것은 아닌가 하는 죄책감Gulit을 갖 는 단계에 이르게 된다. 그러다보면 누군가에게 책임전가Projection를 하 게 된다. '내 탓이 아니야 내 탓이…'라고 외치고 싶어지는 것이다. 만약 정신적으로 성숙도가 떨어질 경우 오랜 시간 이 상태에서 머무르게 된다고 한다. 잘 되면 내 탓 잘 못되면 조상 탓을 하는 경우가 바로 이 시기의 상황을 표현하는 말이다. 그러다 현실에 대해 어느 정도 합리화Rationalization를 한다. '그래 뭐, 이 정도니 다행이다.' 정도의 감정을 갖게 되는 것이다. 그리고 변화에 대해 되돌리고 싶은 마음을 단념Integration하고 결국 현실을 받아들이는 수용Acceptance의 단계를 거친 후에야 겨우 현실을 직시하게 된다.

소피는 이러한 단계 중 중간 단계를 단번에 뛰어넘어 바로 '단념과 수용'의 단계로 접어든 것이다. "그래, 난 지금 아흔 살의 할머니야. 나는 지금 소녀가 아니라고. 그러니 이제부터는 지금의 내가 할 일을 찾아보자." 하고 의젓하게 말이다.

> **감정의 몇 가지 단계** 충격Shock → '설마'하는 마음의 의심Disbelief → 죄책감Gulit → 책임전가Projection → 현실에 대한 어느 정도의 합리화Rationalization → 단념Integration → 현실을 받아들이는 수용Acceptance

💬 자기긍정으로 위기를 극복한 남자, 강원래

강원래 씨는 원래 댄스 가수였다. 지금의 10대, 20대들은 그의 화려한

댄스 실력을 잘 모를 수도 있지만 그의 댄스와 댄스곡 〈꿈따리 샤바라〉를 모르면 대한민국 국민이 아니라고 할만큼 국내에서 인정받았다. 하지만 오토바이를 타고 가던 중 승용차와 충돌하는 사고를 당해 지체장애 1급 판정을 받았다. 댄스 가수였던 그에게 '몸을 움직일 수 없다.'는 사실은 너무나도 엄청난 충격이었다.

"사실, 처음에는 왜 하필 나인지 원망스럽기도 했어요." 라고 말하면서 그는 움직이지 않는 두 다리를 보면서도 인정할 수 없었다고 했다. '이 몸을 가지고 살아야 하는가'라는 생각에 치를 떨었다. 그 후 낙천적이었던 성격은 폭력적으로 변하기 시작했고 정신적 공황상태가 극심해 '죽어야겠다.'라고 생각한 적도 많았단다. 그를 격려하고 응원하러 찾아온 팬들도 만나주지 않았을 정도로 마음을 닫아버렸다.

사고가 난 지 두 달이 지날 무렵 의사에게서 "앞으로 평생 타야하니까 휠체어는 좋은 것으로 사라."는 말을 듣게 된다. 그 후 그는 밤마다 울었는데 그렇게 매일을 울다보니 어느 순간 그 우는 시간이 아깝게 느껴졌다고 했다. 다른 사람들은 모두 현실을 받아들이는데 자신만 과거에 집착하고 있었다는 자각이 들었다는 것이다. 그리고 마음으로 자신의 현실을 인정하고 받아들이면서 그의 재활에도 속도가 붙었다.

현재 그는 쾌활하던 성격을 되찾았고, 재치 있는 입담으로 각종 토크쇼에서 게스트로 출연하는 등 활발한 활동 중이다. 또한 많은 이들이 그의 장애 극복 이야기를 통해 삶의 용기를 얻는다. 그는 상실에서 수용

까지의 고통스런 단계를 모두 거쳤지만 지금은 마음의 건강을 되찾았고
현재 상황에서 자신에게 충실한 삶을 살아가고 있다.

소피를 닮은 여자, 이지선

이지선이라는 평범한 대학생의 인생을 송두리째 바꾼 사건이 있었다.
2000년 7월의 어느날, 도서관에서 공부를 하고 귀가 하던 중 신호대기
로 정차해 있던 이지선 씨의 차를 음주운전자의 차가 들이박았고, 이
사고로 이지선 씨는 얼굴을 포함해 몸 절반 이상에 3도 화상을 입었다.
그녀는 그 후 피부 이식 수술을 비롯해 크고 작은 수술을 20회 이상 받
았고 손가락 중 무려 여덟 개는 한 마디씩 절단해야만 했다. 풋풋한 20
대 초반 너무 큰 절망감에 부딪힌 것이다. 하지만 그녀는 웅크리고 숨는
대신 세상에 당당히 자신을 드러내는 것을 선택했다.

'주바라기www.ezsun.net'라는 그녀의 홈페이지에 자신의 사진과 경험담
을 올렸고 자신과 비슷한 처지에 있는 이들에게 희망을 전했다. 그녀는
미국으로 건너가 재활상담학과에서 석사학위를 받았고, 현재는 박사과
정에 있다. 미국의 곳곳을 돌아다니며 자신의 경험을 토대로 한 강연 활
동도 한다. 방송 프로그램을 통해 그녀의 일상을 보거나 『지선아 사랑

해』라는 에세이집을 읽으면 그녀의 강인함과 긍정성에 놀라게 된다.

'아무리 발버둥 쳐도 소용없어.'라는 말로 자신을 달래고 위로한 후 과감하게 자신이 할 일을 실행한 소피와 그녀는 많이 닮았다. 이지선 씨도 현재의 당당한 모습에 이르기까지 외로움과 고통이 얼마나 컸겠는가. 하지만 자신의 변화된 외모를 그대로 수용Acceptance하고 현실을 직시한 후 세상을 멋지게 헤쳐나가고 있다.

💬 한계를 넘는 힘 긍정적 자아개념

〈하울의 움직이는 성〉의 소피는 버릇없고 제멋대로인 남자 하울을 만나게 되어 그의 집안일을 도우며 살아간다. 처음 그녀에게 닥쳤던 급작스런 불행의 변화 앞에 당당하게 맞섰듯, 하울에 대한 사랑도 변화된 자신의 모습 그대로 할머니답고 의젓하게 표현한다.

강원래 씨와 이지선 씨도 현재 장애우를 대변하는 공인으로서 많은 봉사활동을 하고 있다. 그런데도 그들은 '이는 나 자신을 위한 것임에 불과하다.'고 겸손하게 말한다. 이처럼 변화를 수용한다는 것은 자신이 어떤 상황에 처하더라도 다른 이들을 위해 자신을 기쁘게 내어줄 수 있는 힘을 가지게 한다.

콤즈Comb는 자아에 대한 긍정적인 개념을 갖고 있는 이들은 세상에서 자신이 경험하는 일에 대해 할 수 있다는 적극적인 사고방식과 긍정적인 태도를 가지고 처신하는 경향이 있다고 말한다. 이러한 사람들은 주위로부터 받은 자신의 행동에 대한 피드백을 능동적으로 받아들여 생활에 도움이 되도록 활용할 줄 안다.

갑작스러운 변화뿐만 아니라 우리 모두는 세월 앞에서 언제나 그대로일 수는 없다. 순간순간을 살아가는 우리는 한 명의 예외 없이 지속적으로 변화하고 있고 또 변화해야 한다. 갑작스러운 실연, 사고, 실패, 죽음 등 원치 않는 변화가 언제 어떻게 우리를 덮칠지도 모른다. 하지만 원치 않는 변화는 한계에 부딪히는 경험으로 우리에게 장애물이 되기도 한다. 나도 살아가면서 생각지도 못했던 원치 않은 장애물로 인해 힘든 적도 있었다. 특히 몸이 아파서 아무 것도 할 수 없었던 그 힘든 기간을 보낼 때는 '내가 왜 하필이면'이라는 부정적인 감정으로 마음을 괴롭히는 데 적지 않은 시간을 보낸 적도 많다. 그래서 더욱 더 소피의 의연함이 부럽고 대단하게 느껴진다.

한계 앞에 혹은 급작스런 장애와 맞서게 되었을 때 그대로 주저앉아 버리는 사람이 있고 불가능할 것만 같았던 장애를 훌쩍 뛰어넘어버리는 사람도 있다. 당당히 맞설 각오가 섰을 때 세상은 이미 당신을 응원하기 시작했다고 믿어보라. 어떤 상황이 닥쳐도 이에 대해 '좋다', '나쁘다'를 판단하지 않고 이를 먼저 받아들인다는 것은 분명 어려운 일임엔 분명하다. 우리는 미래를 알 수 없다. 단지 현재와 과거의 사건들만을 연관시켜 볼 수 있을 뿐이다. 하지만 현재의 순간들이 미래에 어떤 식으로든 연결된다는 사실 만큼은 확실하다. 당장엔 부정적인 변화도 긍정적인 마음으로 받아들인다면 인생의 반전을 맞이할 수 있다. 변화가 두려워 주저앉을 것인가, 이에 소피처럼 당당히 맞설 것인가. '그때가 좋았어. 그때가…'라는 체념 상태에만 줄곧 머무르는 어리석음은 짧게 끝내도록 하자. 우리의 꿋꿋한 소피를 떠올리면서 말이다.

> **" 하울의 움직이는 성,**
> **소피의 메시지**
>
> **당장엔 부정적인 변화도**
> **긍정적인 마음으로 받아들인다면**
> **인생의 반전을 맞이 할 수 있다. "**

© 2004 二馬力 TGNDDDT

나를 사랑하고
타인을 긍정하는
마법의 코칭

CHARACTER COACHING

"인간관계에서는 '반드시 필요한 두 글자'가 있어"

:: **어린왕자** Le Petit Prince

1943년 발표한 프랑스 작가 생텍쥐페리의 동화이다. 사막에 불시착한 비행사인 나는 이상한 소년을 만나 양을 그려 달라는 부탁을 받는다. 그 소년은 애인인 장미꽃을 자신이 사는 별에 남겨 두고 여행길에 오른 왕자로서 몇몇 별을 순례한 후에 지구에 온 것이다. 외로운 왕자에게 한 마리의 여우가 나타나서, 본질적인 것은 눈에 보이지 않는다는 것과 다른 존재를 길들여 인연을 맺어 두는 일이 중요하다는 것을 가르친다.

"아무리 올바르게 말하고 행할지라도 그것으로 말미암아
친구의 감정을 손상시키고 친구를 잃어버리게 된다면 어리석은 짓이다."
-호라티우스

"참을성이 있어야 해."

여우가 대답했다.

"처음에는 나한테서 조금 떨어져 그렇게 풀밭에 앉아 있어야 해. 내가
곁눈질로 너를 봐도 너는 말을 하지 마. 말은 오해의 근원이지. 그러나
하루하루 조금씩 가까이 앉게 될 거야…."

이튿날 어린 왕자는 다시 왔다.

"어제와 똑같은 시간에 왔으면 더 좋았을 거야." 여우가 말했다. "오후
네 시에 네가 온다면 나는 세 시부터 행복해질 거야. 시간이 갈수록 난
더 행복해지지. 네 시가 되면, 나는 안달이 나서 안절부절 못하게 돼. 행
복의 대가가 어떤 건지 알게 되는 거야! 그러나 네가 아무 때나 온다면,
몇 시에 마음을 다듬어야 하는지 알 수 없어…. 의례가 필요해."

"의례가 뭐지?" 어린 왕자가 말했다.

"다들 그것도 잊고 있지."

여우가 말했다.

"그건 어떤 날을 다른 날과 다르게, 어떤 시간을 다른 시간과 다르게 만드는 거야. 사냥꾼들에게도 의례가 있지. 그들은 목요일엔 마을 처녀들과 춤을 추지. 그래서 목요일은 무척 신나는 날이지. 그래서 나도 포도밭까지 산책을 나가. 만일 사냥꾼들이 아무 때나 춤을 춘다면 모든 날이 다 그게 그거고, 내게는 휴일이 없을 거야."

💬 가까운 사이에도 반드시 필요한 두 글자 '예의'

어린 왕자를 향해 여우는 말한다.

"어제와 똑같은 시간에 왔으면 더 좋았을 거야. 의례가 필요해." 여우는 어린 왕자와 멀어지기 위해서가 아니라 '더 친해지기 위해서는 의례가 필요하다.'고 말한다. '좀 더 가까이 가기 위한 방식이 필요하다.'고 말이다. 우리도 '상대가 누구든지 간에 서로 예의를 지켜야 한다.'는 사실에 대해서는 잘 알고 있다. 하지만 일상을 돌아보면 아는 만큼 실천하지 못하는 것 가운데 하나가 바로 예의다. 비즈니스 관련 약속일 경우 시간을 지키지 못할 것 같을 때는 미리 전화를 한다거나 약속 전에 시간을 재확인하고 상대방의 이름 석 자를 넣은 메일을 보내는 등 '고객 감동'이라는 명목 하에 노력을 기울인다. 하지만 오히려 자신과 가깝다고 생각하는 사람에 대해서는 어떤가?

예의 있는 행동을 하는 것은 자신이 올바르게 교육을 받은 사람임을 증명하기 위해서가 아니라 다른 사람을 배려하고 편안하게 해주기 위함이다. 그럼에도 불구하고 '우리 사이에 뭘 그 정도 가지고…' 라는 근거 없는 합리화로 '예의'라는 가치를 슬쩍 무시해 버린 경우는 없었을까.

사소하지만 강력한 습관, 시간 지키기

한 대학의 이사장은 지인들에게 '15분 맨'으로 통한다. 예를 들어 오전 11시 30분에 만나기로 했다면, 그는 어김없이 11시 15분에 그 장소에 와 있다. '15분 맨'은 예정 시각보다 15분가량 일찍 약속 장소에 도착하는 습관 때문에 붙은 별명이다. 그는 10년 넘게 한 대기업의 CEO를 지낸 인물이기도 하다.

"약속 장소에 미리 도착해 그날 만날 사람과 대화하고자 하는 내용을 미리 적어 봅니다. 어떨 땐 그 장소에 대한 단상도 짤막하게 적어 놓습니다. 15분 투자가 아주 효율적인 결과를 낳지요." 라고 말한다. 그는 이런 습관으로 비즈니스에서 '준비된 인물'이라는 이미지를 심어주는 것은 물론, 신선한 아이디어까지 덤으로 얻는다고 강조한다.

예의는 이렇듯 스타일의 또 다른 표현으로 상대방을 존중하는 마음의 표현뿐만 아니라 자신의 겸손한 자세를 보여준다. 시간 약속을 했다면 상대가 누가되었건 지켜야 한다. 요즘 들어서는 '핸드폰만 믿고 늦어도 양해를 구할 수 있다.'는 이상한 믿음이 생기고 있다. 하지만 비즈니스 미팅이라고 가정한다면 오지 않는 당신을 한 시간씩 기다려줄 고객이 과연 얼마나 있을까?

일반적으로 친한 사이라 해서 너그러이, 그것도 늦을 때마다 당연히 이해해줄 것이라고 자기합리화를 한다. 하지만 사람의 참을성에는 분명 한계가 있는 법이다. 한 번 그리고 두 번, 세 번 친구나 지인이 늦을 때마다 마음은 점점 '살다보면 그럴 수도 있지'에서 '나한테 이럴 수는 없어.'로 향한다. 우리가 아주 사소한 시간 지키기를 무시했을 때부터 관계에는 점점 금이 가기 시작한다.

상대방의 아킬레스건을
건드리지 말라

프랑스인들은 '아르드 비브르Art de Vivres'라는 생활 철학을 갖고 있다. 이 말은 '고독한 존재인 인간과 인간을 연결하는 창조적인 대화야말로 행복의 원천이고 인생의 풍요로움'이란 뜻이다. 하지만 기쁨과 행복을 위한 대화가 아니라 서로에게 상처를 주는 경우도 종종 생긴다. 바로 상대방의 약점을 건드린 경우다. 우리는 상대방의 약점을 보통 '아킬레스건'이라 표현한다. 이 말의 유래는 다음과 같다.

그리스 신화에 나오는 아킬레스의 어머니였던 테티스는 자신의 아들을 좀 더 잘 생긴 완벽한 미남으로 만들기 위해 강한 독이 있는 강물에 그를 씻기곤 했다. 아킬레스의 피부는 어떤 화살에도 쉽게 뚫리지 않을 정도로 강해졌다. 하지만 어머니의 부주의로 그의 발뒤꿈치, 우리가 흔히 말하는 아킬레스건에만 물이 닿지 않았고 그는 결국 트로이 전쟁 때 바로 그 자리, 발뒤꿈치에 화살을 맞고 죽었다고 한다.

이처럼 치명적인 약점은 생사와 직결될 정도로 아주 민감한 부분인지라 그만큼 조심해야 한다. '뭐 별것 아닌 것 가지고…'라고 가볍게 생각해버릴 수 있는 문제도 상대방에게는 '하늘이 무너지는 느낌을 주는 가슴에 꽂힌 비수'일 수 있다.

나의 아킬레스건은 평균보다 적게 나가는 체중이다. 요즘처럼 다이어트 광풍이 몰아치는 시대에 흉이 아니라 자랑이라고 생각할지 모르겠다. 하지만 만나는 사람마다 "왜 이렇게 마르셨어요? 좀 잘 먹어야겠네. 쯧쯧."이란 말을 듣는다면 사정이 달라진다. 내가 태어나서 아마 가장 많이 들어본 말을 해보라고 하면 주저 없이 "왜 그렇게 말랐냐?"라고 말한다. 이젠 수도 없이 들어서 이골이 났지만 솔직히 마음이 상한 적이 한두 번이 아니다. 분명 사람들이 의도적으로 기분을 상하게 하려고 한 것은 아니기 때문에 서운하게 생각하진 않는다. 그래도 이제 그만 듣고 싶은 게 사실이다. 덕분에 무심코 던진 말 한 마디가 상대방의 아킬레스건을 건드릴 수 있다는 사실을 조금 더 자각하며 산다.

흔히 예의를 차려야 하는 상대방에게는 말을 가려하면서도 아무렇지도 않게 약속을 어기는 것처럼 가까운 관계가 되어버리면 이 사실을 오히려 쉽게 잊어버린다. 만약 실수를 했다고 느꼈을 때는 가능한 한 빨리 "미안해, 내가 잘못했어. 용서해줘." 라고 마음을 담아 정중하게 사과하라. 성공학자인 스티븐 코비Stephen R. Covey는 "다른 사람에게 '미안하다'고 사과하는 것만큼 주도성을 테스트하기 좋은 것은 없다." 라고 말했다.

이렇게 자신의 실수나 잘못을 인정하는 행동은 건강한 자존감을 가졌을 때만 가능한 용기 있는 자기표현이다. 스스로 잘못을 인정하면 상대방도 용서하는 여유를 보인다. 그저 미안한 마음만 갖는 것으로는 부족하다. 위기 속에서 관계의 접착제 역할을 하는 것은 바로 '사과'라는 행위를 통해서다. 빠른 관계의 회복을 원한다면 그만큼 사과라는 행위를 통해 건강한 관계를 만들어가자.

긍정적 표현은 힘이 세다

"어쩜 그렇게 삐쩍 말랐어요? 밥 좀 많이 먹어라. 그게 뭐냐, 에티오피아 난민처럼!"

"와~ 어쩜 그렇게 날씬하세요? 다이어트 안 해도 되니 얼마나 좋아요. 부러워요."

내가 듣는 말들이지만 동일한 사람에 대해 이렇듯 다양한 표현이 놀라울 따름이다. 그러려니 하면서 넘길 때가 많지만 그날의 컨디션에 따라 감정 기복이 생기는 것은 사실이다. 물론 이왕이면 좋은 피드백을 주는 사람이 더 고맙다.

사람의 뇌파는 감정을 자극하는 말에 의해 급격한 변화를 보인다고 한다. 자신이 뿌듯하고 평안한 상태일 때 뇌는 알파파를 다량 분출하고 기분이 상하면 알파파는 급속하게 줄어든다. 이 알파파는 대표적으로 수명을 연장하고 생산력을 높이는 기능을 한다. 상대방의 알파파를 조절하는 무서운 힘이 바로 우리의 혀에 존재하는 셈이다. 긍정적인 표현은 이렇듯 천 냥 빚을 갚는 역할뿐만 아니라 사람의 수명을 좌지우지한다.

가족이나 친구, 연인 등 우리가 사랑하는 사람들에게 얼마나 긍정적인 피드백을 해주고 있을까? 평소에 내가 하는 말에 대해 한번쯤 곰곰이 주의를 기울여보자. 그 말을 내가 들었을 때 과연 기분이 어떨까? 내가 하는 말이 타인의 감정을 상하지 않게 하고, 한 발 더 나아가 기분 좋게 만든다고 생각되는 수준인지 생각해보자. '아 다르고, 어 다르다.'는 말처럼 말의 표현은 점 하나 차이로 '남'과 '님'을 가를 수도 있다.

『어린왕자』에서 여우가 어린왕자에게 말했다. "내가 곁눈질로 널 봐도, 넌 말을 하지 마. 말은 오해의 근원이지. 그러나 하루하루 조금씩 가까이 앉게 될 거야…"

가까운 사이에 이해받고 용서하고 노력하는 데도 엄연한 한계가 있다. 타인보다 더 큰 힘을 얻고 상처를 받는 관계가 바로 친구나 가족 같은 가까운 사이다. 친밀한 관계란 사람과 사람 사이의 시간이라는 물리적인 요소와 경험이 더해져 이루어진다.

내 사람, 내 남자, 내 여자, 내 친구를 원하는가? 그들이 나와 점점 가까워지길 바라는가. 그렇다면 나와 상대방 사이를 든든하게 연결해주는 역할을 '예의'가 담당하고 있다는 사실을 잊지 말자. 보이지는 않지만 분명히 존재하는 그 '예의'라는 끈은 조심스럽게 지킬수록 강해지고 튼튼한 밧줄이 되어 돈독한 관계를 지속시켜 줄 것이다.

> **"어린왕자와 여우의 메시지**
> 예의가 친구를 만들고
> 친구 사이에도 지켜야 할
> 예의가 반드시 있다.
> 상대방과 가까워지고 싶은가?
> 그의 마음을 얻고 싶은가?
> 그렇다면 예의를 지켜야 한다는 점을
> 반드시 기억하라. **"**

© Le Pelit Prince Multimedi/Sogex

 <캐스트 어웨이> 윌슨의 메시지

"그 사람이 너에게 마음을 터놓을 수 있니?"

:: 배구공 윌슨

영화 〈캐스트 어웨이Cast Away〉에서 주인공의 친구가 되어준다. 주인공은 단 하나의 배구공 윌슨과 함께 무인도의 고독감을 버티어내는데, 그는 주인공 척의 자기 반영의 척도이자 친구가 된다. 시간과 물건에 쫓기듯 살아왔던 척이 외로움을 이기지 못해 자살을 시도하려 할 때에도 힘이 되어 준다.

"작은 집이라도 마음이 진실한 친구로 가득 채울 수 있다면,
나는 이 세상에서 가장 행복하다."
-소크라테스

누군가와 친해지고 싶은 열망을 지닌 고슴도치 한 마리가 있었다. 하지만 누군가와 정작 친해져서 사이가 가까워지면 자신의 가시 때문에, 그리고 상대 고슴도치의 가시 때문에 서로 상처를 주게 되었다. 그래서 내린 결론은 '아예 처음부터 다가가지 말자'가 되어버렸다. 이러한 현상을 '고슴도치 딜레마'라고 표현한다. 보통 과거의 누군가에게 배신을 당하거나 깊은 실망을 느낄 때 이런 마음이 들기 쉽다. '다시 배신당하거나 실망하지 않겠다는 자기방어의 표현'이다. 다른 사람과 깊은 관계를 맺는 것을 두려워하는 사람, 자신을 드러내고 싶어 하지 않는 사람은 바로 고슴도치 딜레마에 빠져 있는 것이다. 상대방과 일정한 거리를 두면 서로 간섭할 일도 부딪칠 일도 없기 때문에 남에게 부담을 주지 않고 상대방에게 상처받을 일도 줄어든다고 생각하는 것이다.

나도 한때는 마음의 상처를 덜 받는 관계, 쉽게 정리가 가능한 관계가 더 편하다고 생각했다. 지나친 관심 때문에 생기는 자잘한 신경 쓸 일도 줄어들어 인간관계를 맺거나 정리하는 일도 수월한 게 아닌가 싶었다. 하지만 결국엔 때때로 따끔거리는 가시에 찔릴 수도 있지만 신뢰와 사랑으로 맺어진 관계를 그리워했다. 상처받고 싶지 않아 고슴도치 딜레마를 선택하게 되는 순간, 필연적으로 따라오는 사람을 피하면 피할수록 따라붙는 '외로움'이란 녀석이 있다는 사실을 잊었던 탓이다.

고슴도치 딜레마 다른 사람과 깊은 관계를 맺는 것을 두려워하는 사람, 자신을 드러내기를 피하는 사람은 바로 고슴도치 딜레마에 빠져 있는 것이다. 상대방과 일정한 거리를 두면 서로 간섭할 일도 부딪칠 일도 없기 때문에 남에게 부담을 주지 않는다. 이렇게 살다보면 자연스럽게 상대방에게 상처받을 일도 줄어든다고 생각하기 쉽다. 하지만 거리를 두면 그 만큼 외로움을 느낄 수 있다.

윌슨이 있어 이겨낸 고독감

우리는 가끔 '만약 무인도에 홀로 떨어졌다면?'이라는 가정 하에 간단한 성격 테스트나 자신의 적성을 알아보기도 한다. 하지만 정말 홀로 무인도에 남겨진다면 과연 얼마 동안 살아갈 수 있을까? 영화 〈캐스트 어웨이Cast Away〉를 보면 마음을 터놓을 수 있는 단 한 명의 친구가 있는 게 살아가는 데 얼마나 큰 도움이 되는지를 알게 된다.

전 세계를 돌아다니며 세상에서 가장 바쁜 사람인양 살아가는 남자, 척 놀랜드는 페덱스FedEx사의 직원이다. 그는 크리스마스 이브에 비행기 사고로 무인도에 떨어진다. 그야말로 '나 홀로 무인도에'가 되어버린다. 정신을 잃었지만 다행히 목숨을 건진 그는 생존을 위해 살아가야 한다. 그러던 어느 날 택배용품 가운데 하나였던 배구공을 발견한다. 그리고 우연히 그 배구공에 자신의 핏자국으로 그려진 형체에다 눈, 코, 입을 그려 넣자 '친구 윌슨'이 탄생한다.

그 뒤부터는 탈출을 계획하면서 윌슨에게 항해 일정에 대해 설명하기도 하고, '왜 그가 탈출해야만 하는지'에 대한 이유를 장황하게 설명하기도 한다. 아무런 대꾸도 없고 아무런 표정도 짓지 못하는 찌그러진 배구공 얼굴의 윌슨에게 말이다. 그러던 중 결국 뗏목이 완성되고 탈출을 위한 항해가 시작된다. 하지만 거친 물결로 뗏목머리에 자리 잡고 있던 윌슨이 결국 파도에 휩쓸려버린다. 그때 그는 울부짖는다. "안 돼! 돌아와!"

윌슨은 그의 기나긴 외로움을 달래주었고 고통을 나누었으며, 함께 공유한 시간으로 인해 그에게는 배구공이 아닌 친구였다. 사실 윌슨이 특별히 그를 위해 한 것은 아무것도 없었지만 말이다.

이렇게 사물이 친구가 되는 일은 영화에서나 가능한 것일까? 한 텔레비전 프로그램에서 '돼지엄마'란 아주머니가 소개되었다. 실제로 돼지를 키우는 분은 아니었고, 무려 26년간 돼지 인형과 모형 등을 거의 600개 이상 수집한 분이었다. 이 정도면 신세대 캐릭터 마니아도 저리 가라 할 정도의 원조 마니아라 할 수 있는 수준이다. 집안의 곳곳을 장식한 것은 대부분 돼지 인형과 모형들이었고, 심지어 아주머니는 돼지모양 귀고리를 달고 있었다.

"난 얘들 때문에 너무 행복해요. 특별히 아끼는 아이가 있는데, 그 아이랑은 항상 답답하거나 힘들 때 얘기를 해요. 그럼 그 아이가 웃어주는 것 같아." 라고 말씀하셨다. 이처럼 친구는 반드시 사람이 아닐 경우도 있다. 마음을 나눌 수 있고 내가 정을 줄 수 있는 존재가 바로 친구니까 말이다.

장수의 필요조건, 친구

미국인 7,000명을 대상으로 무려 9년 동안 추적한 한 조사 결과에 따르면 흡연과 음주, 일에 대한 태도나 사회적인 지위 등도 건강에 영향을 미치는 요인임에는 분명하지만 이러한 일반적인 요인보다 더 강력한 영향력을 가진 요소가 밝혀졌다. 그것은 오래 사는 사람들은 수명이 짧은 사람과 비교해 살아가는 동안 친구가 많다는 점이다. 친구가 별로 없는 사람들은 쉽게 병에 걸리고 일찍 죽을 확률이 높다. 그에 반해 희로애락을 함께 나눌 수 있는 친구가 많을수록, 그리고 그들과 함께하는 시간이 많을수록 스트레스가 줄어 좀 더 건강하게 살 수 있다고 한다. 우리 몸의 화학적 변화도 인간관계에 영향을 주고 있다.

미국의 위스콘신 대학 연구팀이 61살에서 90살 사이 여성 노인들을 대상으로 조사한 결과 잠을 잘 자거나 원만한 인간관계를 가진 여성들은 노화의 한 지표인 면역체계 단백질 '인터류킨-6'의 혈중수치가 낮게 나타났다고 한다. 인터류킨-6는 염증을 촉진하며, 나이가 들면서 증가하는 경향이 있는데 수치가 높아지면 골다공증이나 알츠하이머병, 암 등에 걸릴 위험도 높아지는 물질이다. 이렇듯 원만한 인간관계는 분명 건강한 삶을 이루는 중요한 요소다.

관계의 깊이는 숫자보다 강해!

친구가 많으면 장수할 수 있다는 것은 분명 일리 있는 말이다. 하지만 정말 우정에 있어서 친구의 숫자가 가장 중요한 것일까?

아리스토텔레스Aristoteles는 '친구가 많은 사람은 친구가 없는 것과 같다.'라는 역설적인 명언을 남겼다. 요즘은 결혼식 때 친구가 많아 보이기 위해 친구처럼 보이면서 사진을 함께 찍어주는 아르바이트까지 생겼다. 그리고 친구가 많지 않으면 혹시 내 성격에 문제가 있는 것은 아닌지 하고 생각하기도 한다.

그러나 정말 친구의 숫자가 그렇게 중요할까? 나의 한 친구는 결혼식 때 딱 네 명의 하객만을 초대했다. 요즘 세태와 비교할 때 놀랄 만한 일이었다. 그녀는 자신의 결혼식을 진심으로 축하해 줄 친구만 초대하고 싶었다고 당당하게 말했다. 그녀의 그러한 모습은 아르바이트생을 동원해서라도 축하하러 온 사람들이 많아 보이기 위해 노력하는 것보다 훨씬 보기 좋았다.

"난 많은 사람을 사랑하고 싶진 않다. 많은 사람과 사귀기를 원하지도 않는다. 그저 일생 동안 한두 사람과 끊이지 않는 아름답고 향기로운 인연으로 죽기까지 지속되길 바란다."라고 작가 유안진 씨는 말했다.

앞서 얘기한 〈캐스트 어웨이〉에서 주인공 척 놀랜드가 혼자만의 시간을 견디지 못해, 그 외로움을 이기지 못해 자살을 시도하려 할 때에도 땅에 발을 딛고 살아가게 만든 것은 말도 하지 못하고 아무런 도움을 주지 못하는 배구공 캐릭터 윌슨이었다. 그래서일까? 영화의 마지막 장면에 척이 꿈에도 그리던 연인 캘리를 만난 후에도 잃어버린 친구 윌슨을 더 그리워하게 된다.

역시 관계의 숫자보다 중요한 건 '관계의 깊이'가 아닐까? 물론 많은 이들과 깊고도 향기로운 관계를 맺고 살아갈 수만 있다면야 이보다 더 좋을 수는 없겠지만 말이다.

좋은 친구란 이런 친구

친구라 해도 분명 지켜야할 선이 있다. 이에 대한 힌트를 바로 윌슨이 알려준다. 상대방이 아무리 친한 친구라 해도 상대방이 원하지 않는 충고나 조언을 해서는 안 된다. 윌슨이 친구로 남을 수 있었던 것은 바로 쓸데없는 잔소리나 충고를 하지 않았기 때문이다.

우리는 상대방이 조언을 구하지도 않았는데 내 편에서 먼저 "내가 너한테 충고 한마디 할까?" 라는 유혹을 가끔 받을 때가 있다. 하지만 진정한 우정을 원한다면 이러한 유혹에 넘어가서는 안 된다. 친구라면 서로의 흉허물을 들추는 일도 조심해야 한다. 아무리 '그건 아니다.' 싶어도 친구라고 해서 직선적인 표현을 아무렇지도 않게 받아들일 사람은 없다. 친구가 한 지적이기 때문에 오랜 시간 마음에 상처로 남거나 우정에 금이 갈 수 있다.

친구라고 해도 좀 더 편하게 만날 수 있는 친구와 이런 저런 신경을 쓰면서 만나야 하는 친구가 있다. 이런 차이가 생긴 이유에 대해 곰곰 생각하다 보면 분명 몇 가지 이유가 나오지만 제일 먼저 차이를 가르는 것은 만남과 연락의 빈도수 때문이다. 오랜만에 만난 친구 편이 상식선에서 보면 더 화젯거리도 많을 것 같은데 어쩔 땐 어이없이 대화가 뚝 끊어지거나 침묵마저 흐른다. 이런 현상이 벌어지는 가장 큰 이유는 바로 자신에 대한 개방도가 떨어지기 때문이다. 오랜만에 만난 친구에게 나의 고민에 대해 상황에 대해 설명하는 것이 어쩐지 미안한 마음이 생겨 그저 표면적인 얘기로만 겉돌게 될 수도 있고 '어디까지 내 얘기를 할까?'하고 머리를 굴리다보면 침묵도 흐른다.

한 여론 조사에 의하면 자신이 힘든 상황에 처하게 되었을 때 고민을 털어 놓고 싶은 상대로 '그냥 나의 얘기를 들어주고 공감해 줄 수 있는 친구'를 가장 선호했다고 한다. 어렵고 힘든 문제에 대해 실질적으로 도움을 주는 친구보다는 "그래, 그렇구나." 라고 자신을 그대로 인정해주는 친구가 가장 든든하게 여겨진다는 것이다.

윌슨이 척의 친구였던 이유는 바로 속 깊은 곳까지 자신의 마음을 드러내 보일 수 있었기 때문이다. 물론 친구나 우정이라는 단어의 정의는 개인마다 다를 것이다. '목숨을 내어 줄 수 있을 때' '서로 말없는 믿음이 형성될 때' 비로소 친구라 말하는 사람도 있을 것이다. 하지만 이 모든 것의 기본은 바로 '서로에게 자신을 꾸밈없이 내보일 수 있는 단계'가 아닐까. 상대방이 속마음을 털어보여도 좋을 사람, 그저 묵묵히 내 말을

들어 줄 믿음이 가는 사람이 되라. 그럴 때 이미 그 사람의 마음을 얻어

친구가 될 수 있을 것이다.

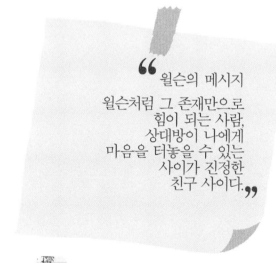

"때로는
그 사람의 단점도
그대로 인정해봐"

:: 스머프

페요Peyo라는 애칭을 가지고 있는 벨기에의 작가 피에르 클리포드Pierre Culliford의 원작 만화를 1981년 미국의 한나 바버라 프로덕션Hanna & Barbera Production에서 총 256화의 텔레비전 애니메이션 영화 시리즈로 제작한 것이다. 미국에서는 1981년 NBC, 한국에서는 1983년, 〈개구쟁이 스머프〉라는 제목으로 KBS에서 방영되었다.

"사람과 사람 사이는 마치 거울과 같다.
거울을 대하고 웃으면 거울 속의 사람도 웃는다. 남을 책망하지 말고,
자신이 올바른지 늘 반성하라. 원인은 모두 자신에게 있다."
-맹자

만화 영화 〈개구쟁이 스머프〉의 스머프를 기억하는
가. 똘똘이 스머프의 집은 책으로 가득하다. 그는 동료 스머프들에게 잘
난 체하며 설교하기를 좋아하지만, 주책이 스머프 외에 그의 말을 귀담
아 듣는 스머프는 없다. 혼자 똑똑한 척 하지만 하나의 에피소드가 끝
날 때마다 어디선가 '쿵' 하고 엉덩방아를 찧으며 떨어져 다른 스머프들
의 웃음거리가 되곤 한다. 허영이 스머프는 항상 모자에 꽃을 꽂고 있
다. 그리고 틈이 날 때마다 거울을 꺼내서 바라본다. 거울을 보며 자신
의 겉모습에 도취되곤 하는데, 사실 모자에 꽃을 단 것을 제외하곤 다
른 스머프들과 다른 건 없는데도 스스로를 특별하다고 생각한다.

투덜이 스머프는 뭐든지 싫다고 한다. "이거 싫어, 저거 싫어, 다 싫어!"
라는 투정에 얼굴 펼 날이 없다. 스머프들 중에서 유독 똘똘이, 허영이,

투덜이 스머프가 인상적이다. 이들은 다른 스머프들과 조화롭지 못했기 때문이다. 이와는 대조적으로 빨간 바지와 모자를 쓴 파파 스머프는 마을을 이끄는 리더답게 문제를 척척 해결해가고 개성만점의 스머프들을 조화롭게 중재한다.

우리는 "왜 그녀가 그렇게 말했을까?" "나라면 절대로 그런 식으로는 행동하지 않아." "그가 그렇게 행동할 때마다 정말 화가 나." 등의 표현을 할 때가 있다. 우리가 생활하면서 겪게 되는 수많은 좌절감은 다른 사람들의 행동이나 반응에 대한 이해가 부족하기 때문에 생기는 경우가 많다. 어떻게 보면 다른 사람이 우리처럼 되기를 은연 중에 바라고 있는 것일 지도 모른다. 개성 만점의 스머프들처럼 사실 우리도 다양한 성격의 사람들과 살아가고 있지만 많은 사람들은 자신과 다른 점, 자신이 못마땅해 하는 그 무엇에 관심을 집중하고 괴로워한다. 만화 스머프를 보면서는 '참 개성이 톡톡 튀는군' 하고 너그럽게 이해하면서 말이다.

💬 때로는 스머프라고 생각해보는 여유를 갖자

투덜이 스머프나 똘똘이 스머프처럼 불평을 입에 달고 살거나 잘난 척 하는 것이 몸에 밴 사람들과 조화롭게 살아가는 방법은 그 사람의 장점을 찾아 그 장점에 보다 집중하는 것이다. '이런 점이 마음에 들지 않는다.' '저런 점이 나를 불쾌하게 한다.'는 생각에 머물러 있다고 해서 자신에게 유익한 것은 하나도 없기 때문이다. 당연히 근본적인 개선의 대상은 상대방이긴 하지만 그런 사람이 자신의 상사이거나 자신보다 손윗사람인 경우 우선은 스트레스를 줄이기 위해서라도 이런 긍정적인 부분에 집중해보는 대책이 필요하다.

타인과의 관계 속에서 자신을 보는 관점에 대해 해리스Harris, 1969는 네 가지 패턴을 제시한다. '자기부정·타인긍정I'm not OK, You are OK' '자기부정·타인부정I'm not OK, You are not OK' '자기긍정·타인부정I'm OK, You are not OK' '자기긍정·타인긍정I'm OK, You are OK'이 바로 그것이다.

그에 의하면 이 네 가지 관점 중 우리가 어떤 관점을 갖게 되는가 하는 것은 그동안 살아오면서 받아온 타인으로부터의 신뢰와 인정에 의해 결정된다고 한다. 이러한 관점 중 가장 바람직한 관점은 '자기긍정·타인긍정I'm OK, You are OK'이다. 이는 타인과의 관계에서 잘못된 부분만을 보는 것이 아니라 내 안에 있는 긍정의 힘과 타인의 긍정적인 능력을 보고 서로의 관계를 올바르게 인식하는 것이다.

나의 경우 투덜이 스머프 같은 상사와 일한 적이 있다. 그 분은 처음에는 무척 자상한 분으로만 보였다. 하지만 시간이 갈수록 매사에 불평을 입에 달고 생활하는 분임을 알 수 있었다. 부하 직원들이 뭔가 새로운 제안을 하면 '그건 비용도 그렇고 우리로서는 할 수가 없다'는 안 된다는 이유부터 내세웠고, 거래처의 일처리 방식에 있어 무엇인가 마음에 들지 않는 부분이 있으면 터놓고 개선의 의견 제시는 절대로 하지 않으면서 계속 말로는 '일을 못한다느니, 일처리가 엉망이라느니' 끊임없이 불평을 했다. 시간이 갈수록 처음의 배려있는 분이라는 인상에서 매일매일 그 불평을 응수하는 것이 짜증스러워지기까지 했다. 나 뿐만이 아니었다. 이런 상사에게 다른 사원들도 마찬가지로 불만을 갖고 있었다. 그래서 대책을 마련해야겠다고 생각했다. 그러던 차 우연히 스머프 캐릭터를 보게 되었다. '앗, 그래! 그거야.' 순간 투덜이 스머프와 직상 상사가 오버랩 되면서 그 후부터는 상사를 그저 투덜이 스머프로 생각하기로 했다. 그랬더니 스스로를 짜증나게 만드는 그 상사가 안쓰럽게 여겨질 뿐 부정적인 에너지는 바로 전달되지 않는 느낌을 받게 되었다.

타인과의 관계 속에서 자신을 보는 관점 헤리스Harris, 1969는 네 가지 패턴을 제시한다. '자기부정·타인긍정I'm not OK, You are OK' '자기부정·타인부정I'm not OK, You are not OK' '자기긍정·타인부정I'm OK, You are not OK' '자기긍정·타인긍정I'm OK, You are OK' 이 바로 그것이다. 이 중 가장 바람직한 관점은 '자기긍정·타인긍정'이다.

있는 그대로를
일단 인정해봐

그리고 '그래 이왕이면 상사의 좋은 면을 보도록 노력해보자'라고 마음먹기로 결심했고 그 점에 대해 인정하기로 했다. 그랬더니 처음 상사에게 가졌던 '남을 배려하는 면'이 좀 더 눈에 들어오기 시작했다. 그리고 이에 대해 "참 배려심이 많으세요." 라고 구체적으로 언급했다. 그 동안 부하들 중에는 아무도 그 분의 배려심에 대해 언급한 적이 없던 터라 처음엔 무척 상사분도 어색해 하셨다. 하지만 시간이 지날수록 점점 그 분의 불평도 줄어들기 시작했고 한결 여유로운 모습을 보이셨다.

물론 그렇다고 해서 그 상사가 툴툴거리는 습관에서 완전히 벗어난 것은 아니었다. 하지만 이상하게도 나의 스트레스는 줄어들었다. 이는 나의 관점이, 상사에 대한 초점이 달라졌기 때문이었다. 상사의 행동이나 사고방식을 바꾸는 것은 나의 몫이 아니었다. 단지 내가 할 수 있는 것은 상사에 대한 '나의 기대를 재조정'하는 것이었다. '나는 왜 저 상사가 싫을까? 내 성격이 이상한가?' 라고 나에 대해 의심하지 않았고 상사의 단점도 그대로 인정했기에 나름대로의 해결책을 갖고 결국엔 원만하게 지낼 수 있었다.

사람과 사람의 관계가 쉽지 않다고 느끼는 가장 큰 이유를 딱 한마디로 표현하면 '상대방 마음이 내 맘 같지 않기 때문'이다. 좀 더 콕 집어 말하면 '내 입장에서 남이 내 마음을 100퍼센트 알 리 없고 내 마음에 상대방이 완전히 들 수 없다.'는 사실을 머리로는 알면서 마음으로 받아들이기는 사실 쉽지 않다. 하지만 확실한 사실은 내가 가진 의도나 욕구와 타인의 욕망은 언제나 일치하지 않는다는 것이다. 이런 관점에서 생각해보면 남과 내가 갈등하고 이해하지 못하는 것은 당연한 것이다. 하지만 이 당연한 사실을 너무 자주 잊고 힘들어하는 게 아닐까?

많은 사람들은 자신과 인간관계를 맺는 대상이 서로 비슷한 신념이나 가치관을 가져야 한다고 생각한다. 이를 흔히 '그 사람은 나와 코드가 맞아'라고 표현한다. 물론 서로 비슷한 가치관을 가진 사람들과의 관계가 보다 원만해 보일 수는 있지만 그렇다 해서 모든 사람들이 자신과 코드가 맞을 수는 없다. 인간관계를 특히 힘들어하는 사람인 경우, 자신과 코드가 맞는 사람만을 계속 찾다 좌절하는 경우가 많다.

한 마디로 나도 편하고 남도 편하게 대하는 사람은 서로의 차이점으로 인해 좌절을 느끼는 경우가 드문데 이는 그러한 차이점을 당연하게 받아들이는 능력이 뛰어나기 때문이다.

스머프 마을에서 질서의 수호자였고 현명하고 너그러운 스머프로 많은 마법사 친구들이 있었던 파파 스머프. 그가 스머프들의 다름과 차이를 이해하고 그들 사이의 문제를 해결하거나 중재를 했듯 상대방의 모습에서 긍정적인 부분을 인정하고 자신의 관점을 상대방의 긍정적인 면에 고정시킬 수 있다면 나도 행복해지고 상대방도 편안해진다.

❝파파 스머프의 메시지

개성 만점 스머프들처럼
이 세상에는 동일한 성격의 사람은
단 한 명도 없다.
타인의 단점을 있는 그대로
받아들이는 것이야말로
인간관계를 유쾌하게
유지하는 비결이다.**❞**

© peyo

 꼬꼬마 텔레토비의 메시지

"네가 한 번쯤
그 사람의 입장이
되어보면 어떨까?"

: : 텔레토비

1997년부터 2001년까지 BBC에서 만든 어린이용 텔레비전 시리즈다. 철저히 아이들의
눈높이에 맞추어진 유아교육과 언어학의 집결체로 평가된다. 네 가지 색상의 '보라돌
이, 뚜비, 나나, 뽀'는 갓난아이의 얼굴을 한 태양이 미소 짓고, 토끼가 뛰어노는 평화로
운 꽃이 피어 있는 언덕에서 살아간다.

"혼자서는 사랑을 배울 수 없다.
우리는 우리를 짜증나게 하고 당황하게 하는 불완전한 사람들과 함께 있어야만 한다."
-릭 워런

"우와앙!" 두 살 배기 아기가 소리 높여 울음을 터뜨린다. 엄마는 아기를 달래보지만 아기는 그칠 생각이 없다. "휴, 안 되겠어, 비장의 카드를 사용하는 수밖에!" 엄마는 비디오를 집어 든다. 비디오의 제목은 〈꼬꼬마 텔레토비〉. 3분 쯤 지났을까, 아기는 언제 울었냐는 듯 '까르륵, 까르륵' 웃음을 터뜨린다. 머리에는 안테나를 배에는 텔레비전을 달고 통통한 엉덩이를 가진 '보라돌이' '나나' '뚜비' '뽀' 라는 이름을 가진 네 명의 텔레토비의 힘이다. 어른들이 보면 '도대체 저게 뭐야?'라고 생각할 정도로 특이한 모습이다. 텔레토비 사이에서 오가는 대화는 그저 음악에 맞춰 가끔 춤을 추면서 하는 '와!', '까르륵', '우웅' 정도의 감탄사 정도다. 그런데 아이들은 텔레토비에 빠져버린다. 말을 제대로 하지 못하는 연령대의 전 세계 유아들이라는 대규모 열성 팬을 확보하고 있는 셈이다. 그건 왜일까? 바로 자기와 수준이 딱 맞기 때문이다. 텔레토비는 유아기의 심리상태와 발달에 대해 엄청난 연구를 통해 탄생했다.

영국의 저명한 언어학자 앤디 대번포트_Andy Davenport_가 제작에 참여하였고 수십 명의 유아교육 전문 인력들이 참여하여 개발되었다. 엄마보다 나와 더 마음이 통하는 데, 또 하나의 내가 텔레비전 화면 안에서 웃고 있는데 빠져들 수밖에 없지 않은가. 눈높이 맞추기는 이렇듯 놀랍도록 상대방의 마음을 사로잡는 방법이다.

다른 사람의 신을 신어본다는 마음으로

한 합창단이 무대장치 팀이 무대의 마지막 작업을 하느라 시끄러운 상황 속에서 연습을 하고 있었다. 그 중에서 한 젊은 사람의 요란한 망치질로 인해 그 소음을 참을 수가 없게 되자 지휘자는 지휘를 멈추고 호소하듯 그를 쳐다보았다. 그러자 그 젊은이는 다음과 같이 말했단다. "아, 지휘자님, 그냥 계속하십시오. 저한테는 전혀 방해가 안 되니까요."

이 이야기를 통해 '자신의 입장에서 모든 상황을 판단하는 인간의 본성을 확실하게 알 수 있다. 나는 역지사지易地思之라는 말을 좋아한다. 이 말은 원래 공자가 제자인 안회顔回를 칭찬하면서 하우夏禹 성인과 비교하여, '처지나 경우를 바꾼다 하더라도 역시 같은 행동을 하였을 것이라고 한 '역지즉개연易地則皆然'에서 유래했다. 요즘에는 '상대방의 입장이 되어본다'의 의미로 통용된다. 하지만 상대방의 입장이 되어보는 게 어디 말처럼 쉽나? 그렇다. 물론 나는 나고 상대방은 상대방이다. 나는 상대방이 될 수 없다. 이는 분명 어려운 일이다. 나르시시즘(자기애)으로 상징되는 나란 존재가 나만 생각하기에도 모자란데 어떻게 상대방이 될 수 있겠는가. 어려운 만큼 실천하면 할수록, 그 어려움을 통해 관계를 유쾌하고 건강하게 만드는 계기는 늘어나고 이해의 폭도 달라진다. 그러니 꽤 해 볼만한 하지 않은가?

역지사지가 딱 와 닿지 않는다면 이를 영어식으로 표현한 '남의 구두를 신어본다In Her/His Shoes.'는 어떤가? 발에 맞지 않는 구두를 신어본다는 것, 생각만으로도 불편하다. 남의 구두를 신고 한 두 걸음 걷다보면 벌써 힘이 든다. 하지만 그 두 걸음이면 알게 될 것이다. '아, 이 사람은 나의 상황과 참 다르구나, 그의 입장에서는 상당히 힘들었겠구나…'라는 상대방에 대한 이해도를 조금은 높일 수 있다.

때때로 나는 '독심술을 할 수 있다면 얼마나 좋을까?' 하고 생각한다. 특히 남자의 마음을 잘 알지 못할 상황이 되면 '저 속마음 정말 알 수 없어. 독심술이 필요해.' 하고 중얼거리기까지 했었다. 하지만 독심술까지 발휘할 필요 없이 '내가 그랬다면 나의 이런 행동으로 인해 그는 어떤 기분이 들것인가?'라는 생각의 신발을 바꿔 신곤 했다. 물론 나도 처음엔 상대방의 마음 읽기에 어처구니없이 빗나가기도 했고 황당한 결과를 내기도 했지만, 때때로 '아, 내가 너무 어리광을 부린 것이구나, 내가 그 사람의 마음을 헤아리지 못했었네. 그 사람의 입장에선 정말 최선을 다한 배려였구나'하는 깨달음을 얻는 순간도 종종 있었다.

대화라는 것도 마찬가지다. 나 혼자, 나만의 기준으로 내 생각대로 말한다면 그 대화는 잘 이루어질 리가 없다. 우선 듣는 사람의 입장이 되어 자신을 객관화해보려는 노력이 필요하다. '나라면 어떻게 이 말을 받아들일 것인가?'라는 질문을 자주 던져보는 것이다. '이해하다'라는 의미의 영어 단어 중에 '언더스텐드Understand'가 있다. 이 단어는 언더Under. 아래에 스텐드Stand. 서다의 합성으로 이루어졌다. 이 단어의 의미를 되새겨보면 어떨까? 상대방의 아래로 살짝 한 걸음만 내려서보자. 이해의 폭도 그만큼 넓어진다.

눈으로 맞추는 마음의 높이

사람의 몸에서 가장 강력하게 상대방의 마음을 끌어들이는 자력을 지닌 부분은 바로 눈이다. 눈은 신체적인 역할 이상의 기능을 하나보다.

'눈을 뜬다.'는 표현은 무언인가에 대해 알게 되었을 때의 표현이고 세상과의 이별을 '눈을 감았다.'고 말하는 것만으로도 눈과 우리의 생명과의 밀접한 관계를 알게 한다. 우리는 눈을 통해 긴장감이나 초연함 등의 감정을 드러내기도 하고 상대방의 생각을 읽기도 한다. 이러한 눈은 머리뿐만 아니라 마음에도 하나씩 갖추는 게 좋다. '마음의 눈'으로 상대방을 바라보면 그가 정말로 원하는 것이 무엇인지 볼 수 있게 된다.

　잔병치레가 많은 나는 병원에 자주 가는 편이다. 대부분의 의사는 환자를 '자신의 의술로 인해 고통을 덜어줄 사람'으로 대하지만 요즘은 환자를 단지 '의료 대상, 좀 더 노골적으로 말하면 자신의 병원에 의료비를 지불할 고객'으로 차갑게 대하는 경우도 적지 않다. 아무리 명성있는 의사라 하더라도 고객에게 의료상품을 팔 듯 차갑고 냉정한 얼굴로, 환자와 눈은 거의 맞추지도 않으면서 치료법에 대해 대충 설명할 때는 이상하게 신뢰감도 생기지 않는다. 오히려 그 의사에게 치료를 받았다가는 '더 아플지도 모른다.'는 두려움까지 밀려든다. 하지만 "그동안 많이 힘드셨겠어요. 이번에 치료를 받으시면 완쾌되실 겁니다. 너무 걱정하지 마세요."라는 말과 함께 환자인 나의 눈을 맞춰가면서 말하는 의사에게는 신뢰감도 더 생기고 치료에 대한 기대감도 높아진다.

　나의 믿음은 틀린 게 아니었다. 서양의학의 아버지라 불리는 히포크라테스Hippokrats는 다음과 같이 말했다. "의사에게는 세 가지의 무기가 있다. 첫 번째는 말, 두 번째는 약초, 세 번째는 메스이다."

그는 '말'을 그 세 가지 중 가장 먼저 지적하였는데, 이는 암시의 힘으로 인해 인간이 원래 몸 안에 갖추고 있는 자연치유력을 촉진시키는 효과가 있기 때문이라 설명했다. 눈을 맞추고 환자의 입장에서 봐라보는 의사는 이미 정신적인 플라세보 효과Placebo Effect, 위약효과로 치료를 병행한 것이다.

> 플라세보Placebo Effect 약효가 전혀 없는 약을 먹고도 약효 때문에 병이 나은 것과 같은 효과를 얻는 현상을 말한다. 플라세보란, 생물학적으로는 아무런 효과가 없는 중성적인 물질이지만 그것이 효과가 있다고 믿는 사람들에게는 실제 효과가 나타나는 약물이나 물질을 말한다.

상대방의 눈높이에 맞춰 말을 하라

우리가 좋아하는 정치가나 공인들은 대부분 어려운 현황 문제에 대해 쉽게 친근한 어감으로 설명한다. '서민적이고 친근함'이라는 콘셉트를 내세워 실제로 좋은 결과를 얻은 정치인들은 바로 일반 대중이라는 다수와의 눈높이를 맞추었기 때문에 성공한 경우다. 하지만 이와는 달리 자신의 엘리트 특권의식을 내세우거나 '나는 너보다 우월하니 나를 따르기만 하라'라는 식의 메시지를 통해 오히려 역효과를 냈던 정치인들은 또 얼마나 많은가. 앞서 의사의 두 유형에 대해 설명했지만, 냉정하고 차가운 태도를 가진 의사의 경우 어려운 의학용어만 남발하면서 환자로 하여금 "좀 알아들을 수 있게 얘기해 주실 수 없나요?"라는 질문을 하게 만든다.

다른 분야에 있어서도 소위 한 분야의 전문가라는 사람들 중 외국어나 전문 용어를 지나치게 많이 사용하는 경우에도 '저렇게 해야만 자신의 분야에 대한 설명을 할 수 있는 건가?'라는 생각이 들면서 오히려 그 사람의 전문성을 의심하게 된다.

나의 경우는 미사 시간 중 신부님에 따른 강론 스타일을 보면서 '듣는 사람의 눈높이 맞추기'가 얼마나 중요한지 깨닫곤 한다. 어렵고 까다로운 신학용어와 '착하게 사십시오.' '행복하게 사십시오.' 등의 당위적인 말씀을 듣고 있노라면 어느 순간 졸음이 밀려온다. 나만 그런 가해서 주의를 둘러보면 꾸벅꾸벅 졸고 있는 몇몇 분들이 눈에 띄면, 그 분들을 보면서 '휴, 다행이다' 하고 안도의 한숨이 나온다. 하지만 "여러분! 성당에 오시느라 힘드셨죠?" "우리 형제, 자매님들 오늘도 쉬고 싶으셨을 텐데 그 유혹을 이겨내셨군요. 훌륭하십니다."라고 칭찬하시면서 평범한 신자들의 일상생활에 대해 눈높이를 맞추려는 신부님의 강론 말씀은 듣고 나면 힘이 난다. '그래도 늦잠자지 않고 오길 잘했다'라는 생각도

든다.

이렇듯 상대방의 입장에서 바라봄으로써 공감을 얻는 것은 어떤 이유에서일까? 바로 상대방에게 '아, 내가 이해받고 있구나, 내 마음을 알아주는 사람이구나'라는 생각이 들게 하기 때문이다. 이는 사회적으로 성공을 했건 못했건 간에 어린이나 어른이나 남녀를 불문하고 인간이라면 누구나 가진 욕구이기도 하다. 이러한 욕구를 충족시켜보라. 그러면 분명 상대방은 나에게 마음을 열고 서로 통하게 될 것이다.

'텔레비전에서 종종 볼 수 있다.' '배가 나왔다.' '자기들 끼리 뭔가 결정하고 엄청 좋아한다.' '돔형 지붕으로 만든 집을 주 생활무대로 한다.' '색깔로 구분할 수 있다.' '뭐라고 하는지 알아듣기 힘들다.' '했던 말을 또 한다.' 이는 텔레토비와 국회의원 사이의 공통점이라 한다.

이렇듯 공통점이 많은데 텔레토비는 아이들에게 인기가 많아도 국회의원들은 왜 국민들에게 인기가 없는 것일까? 바로 눈높이 맞추기 능력에서 비롯되는 차이가 아닐까 싶다.

텔레토비를 볼 때마다 유아들의 마음을 사로잡은 그 놀라운 힘에 항상 감탄하곤 한다. 그리고 텔레토비를 탄생시키기까지의 노력과 정성을 또 한 번 떠올리게 된다. 상대방의 마음을 사로잡고 싶은가. 그렇다면 그의 입장이 되어 눈높이를 맞추고 그 사람이 이해할 수 있는 언어로 말하기 위해 노력해보자. 분명 그 사람의 마음도 활짝 열릴 것이다.

❝꼬꼬마 텔레토비의 메시지

텔레토비가
아이들의 눈높이에 맞춰
마음을 사로잡았듯
상대방과의 눈높이를 맞추는 것은
상대방의 입장이 되어보고
생각해보면서 이해의 정도를
넓혀가는 것이다.❞

© BBC

 마리모의 메시지

"마음의 거리를
좁히려면 때로는
거리가 필요해"

: : **마리모**marimo

일본 홋카이도 아칸 호수의 명물로 세계적으로 희귀한 시오크사과에 속하는 담수 조류이다. 1897년 지역주민들이 발견해서 둥근 생김새를 보고 '해조구'라는 뜻의 '마리모'라는 이름을 붙였다. 1921년, 일본에서 자연보호물로서 지정했으며 그 이후로 아름다운 사랑의 전설이 전해지면서 일본 사람들은 어려움을 이기고 소망을 이루길 기원하는 상징물인 마리모를 선물로 주고받는다.

"서로 가슴을 주라. 그러나 서로의 가슴속에 묶어 두지는 마라! 함께 서 있으라.
그러나 너무 가까이 서 있지는 마라."
-칼릴 지브란

"나는 나만 바라보고 나에게만 눈길 주는 남자를 기다려요." 이렇게 한 남자만을 바라보고 그 사람을 위해 24시간을 쓰며 보살펴주길 바라는 여자가 있다면 과연 그녀는 자신이 원하는 남자를 만날 수 있을까? 누군가에게 맹목적으로 매달리고 집착하는 것이 과연 진정한 사랑의 관계일까? 자신만을 해바라기 마냥 바라보며 살아갈 여자를 찾는 남자의 경우도 과연 원하는 바의 행복을 지속시킬 수 있을까? 분명 사랑은 집착과는 다르다. 사랑에 대한 다양한 견해와 가치가 있겠지만 누군가를 사랑한다는 것은 상대방이 원하는 것을 할 수 있도록 격려하고, 원하는 곳에 갈 수 있는 자유를 주는 것이다.

"서로 가슴을 주라. 그러나 서로의 가슴 속에 묶어 두지는 마라. 함께 서 있으라. 그러나 너무 가까이 서 있지는 마라." 라고 말한 칼릴 지브란

Kahlil Gibran의 지혜는 언제나 유효하다.

서로의 사랑을 강력하게 반대하는 제 3자의 존재로 인해 둘의 사랑이 더욱 강렬해지고 단단해지는 경우는 많다. 그 걸림돌로 인해 두 사람은 분명 함께 할 수 없게 되고 물리적인 거리도 생겨난다. 로미오와 줄리엣 효과Romeo & Juliet Effect란 부모들이 반대할수록 애정이 더 깊어지는 현상을 말한다. 자신의 의지가 쉽게 받아들여지지 않는다는 반발 심리와 인지부조화Cognitive Dissonance로 인해 이러한 효과가 나타나게 된다.

로미오와 줄리엣 효과 Romeo & Juliet Effect 부모들이 반대할수록 애정이 더 깊어지는 현상이다. 자신의 의지가 쉽게 받아들여지지 않는다는 반발 심리와 인지부조화 Cognitive Dissonance로 인해 이러한 효과가 나타나게 된다.

사랑을 강하게 만드는 거리의 폭

이러한 로미오와 줄리엣 효과와 관련된 사연을 갖고 있는 캐릭터가 있다. 초록빛 원형의 마리모Marimo캐릭터다. 마리오에 얽힌 다음과 같은 전설이 있다.

오래 전 일본 아칸 호수의 서쪽엔 마노페라는 아이누 마을이 있었다.

이 마을의 촌장에게는 세토나라는 예쁜 딸이 있었는데, 그녀는 하인인 마니페와 사랑에 빠진 상태였다. 하지만 이런 사실을 전혀 모르는 세토나의 아버지는 사윗감으로 마을의 한 청년인 메카니를 선택하게 된다. 마을에서 가장 용감하고 잘생긴 청년 마니페와 사랑에 빠진 세토나에게 메카니는 단지 그녀의 행복한 인생을 가로막는 장애물과 같은 존재로 느껴질 따름이었다. 마니페와 그녀의 사랑은 안타깝게도 두 사람의 신분의 차이로 인해 세간에서 이를 용납 받지 못하게 된다.

이러한 현실에 부딪혔지만 사랑을 이루기 위하여 결국 세토나는 자신이 누릴 수 있는 부와 명예를 포기하고 부족을 이탈한다. 그리고 둘만의 사랑을 받아들이기로 한다. 모든 고난과 역경을 이겨내며, 그 두 사람의 행복한 사랑을 가꾸어 나간다. 결국 이들의 사랑은 '마리모'로 승화되어 아칸호 안에서 영원한 사랑으로 살아가고 있다는 것이 마리모와 관련된 전설 중 하나다.

초록빛 원형의 마리모는 가느다란 솜털이 한데 엉킨 듯한 모습인데 1년에 불과 0.5밀리미터밖에 자라지 않는다. 자연의 경우 6센티미터 정도 성장하는데 150~200년의 시간이 걸린다고 한다. 이는 진정한 사랑을 이루고 지키는 것 또한 많은 시간이 걸리고 쉽지 않음을 상징하는 것 같다.

• 제2장 • 나를 사랑하고 타인을 긍정하는 마법의 코칭

친한 사이에도
거리는 필요해

앞서 얘기한 마니페와 세토나의 사랑이 좀 더 강렬해진 이유 중에는 사랑이 용납 받지 못함으로 인한 갈등뿐만 아니라 이로 인해 같이 있지 못하는 시간과 물리적인 거리도 분명이 있을 것이다.

사람의 심리란 참 묘한 면을 갖고 있다. 사람으로 인해 행복해지고 사람으로 인해 괴롭기도 하다. 그리고 여러 사람들과 북적거릴 때는 혼자만의 시간을 꿈꾸고 너무 찾는 사람이 많고 상대해야 할 사람이 많아지면 '아이구, 사람 때문에 지쳐서 못살겠다.'고 표현한다.

사람은 혼자서의 시간을 잘 보낼 줄 알아야 한다. 법정 스님은 "우리가 산속으로 들어가 수도하는 것은 사람을 피해서가 아니라 사람을 발견하는 방법을 배우기 위함이다." 라고 말씀하셨다. 인간관계에 문제가 생기는 원인 중 하나는 바로 상대방과의 '적당한 거리'를 유지하지 못함에서 비롯되는 경우가 많다. 서로 간에 가깝게 지내려 노력하는 것도 물론 필요하다. 하지만 이에 들이는 노력에 비해 상대방과 어느 정도의 물리적인 거리도 필요하다는 사실을 잊음으로 인해 관계에 금이 가는 경우도 생긴다.

친한 친구들끼리 여행을 같이 갔다가 여행지에서 싸우거나 혹은 그 사람의 새로운 면을 발견하고 실망하는 것도 이러한 요인 때문이다. 운전을 할 때도 서로 간 안전거리를 확보하지 않으면 사고가 날 수 있다. 때가 되면 이동하는 기러기 무리를 보더라도 그들은 일정한 간격을 유지하면서 날아간다. 이들은 본능적으로 일정한 간격이 한 무리를 안전하게 이동시킬 때 필수적인 요소임을 알고 있는 것이다. 사람과 사람 사이에서도 이러한 물리적인 거리가 필요하다.

미국의 문화인류학자 에드워드 홀Edward T.Hall에 의하면 낯선 사람과의 거리는 46센티미터 이상, 사회적인 거리는 1.2~3.7미터, 가족이나 연인처럼 친밀한 사이라 하더라도 15센티미터 이상의 간격이 필요하다고 한다. 따라서 이러한 거리가 무너지면 서로 간에 불쾌감이나 부담감이 느껴지고 경계심도 느껴지는 것이다.

남녀 사이의 사랑의 유효기간은 2년에서 3년 사이라는 말이 있다. 거리 조절을 잘하면 분명 유효기간은 5년이고 10년이고 현명하게 연장시킬 수 있지만 거리 조절에 실패하면 2년은커녕 몇 달 만에도 관계는 깨질 수 있다.

이렇듯 모든 인간관계에 있어서의 하나의 불문율도 바로 상대방과의 거리 조절이다. 나에 대해 너무 쉽고도 빨리 공개해 버리지 말고 항상 상대방이 나에 대해 모르는 부분을 남겨 두는 베일을 준비해보자. 나에 대해 알 듯 모를 듯 하게 유지하는 '거리'라는 베일은 관계를 지속시키기 위한 필수품이다.

거리 유지라는
속 깊은 배려

　도쿄에서 태어나 도쿄에서 생활하는 도쿄 토박이들은 음식점 문을 열고 들어선 순간 아는 사람의 얼굴이 보이면 그 가게는 들어가지 않는다. 그리고 거리를 다닐 때도 아는 사람의 얼굴이 보이더라도 절대 말을 걸지 않는다. 눈을 마주치고도 모른 척한다는 게 아니라 아예 못 본 척 슬쩍 지나가는 행동을 한다는 것이다. 이는 '불필요한 일로 남의 감정에 개입해선 안 된다'는 도쿄 토박이들의 예의 있는 행동이다. 그 사람이 그 식당에 왜 들어오게 되었는지, 그 거리를 왜 거닐고 있었는지에 대해 자신이 모른 척 해도 사실 특별한 문제는 없다. 그러나 식당 안에서 얼굴을 마주하고 이러지도 저러지도 못할 상황이 되면 상대는 거기에 식사하러 온 상황에 대해 얘기해야 할 것이고 이로 인해 오히려 그 사람을 난처하게 만들 수 있기 때문이다. 그래서 서로 눈이 마주치지 않은 사이 먼저 눈치 챈 편이 피해서 지나쳐준다는 것이다.

　언뜻 생각하기에 정情 중심 문화인 우리나라에서는 '아니, 아는 사람을 일부러 피한다고? 좀 냉정한 것 아닌가'라는 생각이 먼저 들지도 모른다. 그렇지만 누구라도 '타인에게 자신의 모습을 보이고 싶지 않을 때가 있는 법'이라는 관점에서 본다면 정말 속 깊은 배려임에 틀림없다.

　아무리 친한 사이, 아무리 사랑하는 관계라고 해도 혼자 있고 싶을 때가 있다. 하지만 종종 이러한 사실은 잊은 채 친구나 가족 애인이 혼자서 문제를 해결하려고 한다거나 혼자 있고 싶어 할 경우 무조건 서운한 마음부터 앞세운다. 자신도 분명 "나 좀 혼자 있게 내버려 둬!" 라고 말하거나 생각한 때가 있었다는 사실은 잊어버린 채 상대방에게는 투정을 부리는 것이다.

때때로 '누군가를 그리워하기 위해 그리고 그 사람과 좀 더 애틋한 사랑에 빠지기 위한 시간적인 거리와 물리적인 거리 모두 필요하다 사실을 기억하자. 사랑을 상징하는 마리모 캐릭터에 담겨 있는 전설 속 세트나와 마니페처럼 말이다.

> **❝마리모의 메시지**
> 마리모의 유래에 담긴
> 세트나와 마니페, 그들의 사랑이
> 이루어지기까지는 분명 반대라는
> 걸림돌과 그로 인한 거리가 있었다.
> 마음의 거리를 좁히기 위해서는
> 물리적인 거리가 필요하다는
> 사실을 기억하자.❞

© 2011 MARIMO CO., LTD.

 토마스 기차의 메시지

"누군가 말하면 우선 귀기울이고 공감해봐"

:: **토마스 기차** Tomas Train

〈칙칙폭폭 토마스 기차〉는 영국 작가인 레버 랜드 오드리가 어린이들을 위해 쓰기 시작한 철도 시리즈를 원작으로 한 애니메이션이다. 1984년, 영국에서 실제 모형을 사용하여 제작하기 시작한 텔레비전 시리즈로 20년 가까이 전 세계 어린이들의 꿈과 모험심, 상상력을 키워주는 재미있는 이야기로 사랑 받고 있다.

"경청은 귀에 관련된 것이라기보다는 믿음, 존경, 관심
그리고 정보의 공유에 관한 것이다."
-베버리 브리그스

때는 1940년, 아들을 무척 사랑하는 아버지가 있었다. 안타깝게도 아들은 그 당시에는 목숨까지도 빼앗아 갈 수 있던 무시무시한 전염병인 홍역에 걸리고 만다. 이를 안타깝게 여긴 아버지는 아들이 아무쪼록 병을 잘 이겨내길 간절히 소망하는 마음으로 아들에게 힘을 줄 수 있는 이야기를 해주고 싶었다. 하지만 아버지는 마땅한 이야기를 떠올릴 수가 없었다.

그러던 중 우연히 아버지는 주변을 둘러보았는데 그때 마침 '치익, 폭폭' 요란한 기적소리가 울리면서 '증기 기관차 한 대'가 지나가는 것이 눈에 띄었다. 당시 증기 기관차는 자동차와 함께 인류에 등장한 지 얼마 되지 않은 희대의 발명품이었다. 그 기차를 보는 순간 갑자기 아버지의 머릿속에는 아들에게 해 줄 이야기가 떠올랐다. 주인공은 기차였고 이

주인공을 중심으로 몇 가지 그림도 그려졌다. 아버지는 종이 위에 직접 그림을 그려 아들에게 달려갔다.

"아버지, 이 기차의 이름은 뭐죠?"

아들이 물었다.

"에드워드란다."

이렇게 에드워드를 시작으로 아버지는 계속 아들에게 이야기를 들려주게 되었다.

어느 날 아들은 다음과 같이 물었다.

"아빠, 왜 이 기차는 이렇게 슬퍼 보여요?"

"왜냐하면 너무 오래된 기차라서 그렇단다. 기차도 사람처럼 오래되면 쉽게 지치고 피곤해져서 밖에 나가질 못하게 된단다. 그래서 슬픈 거란다." 라고 답해주었다.

이렇게 날마다 멀리 기적소리와 함께 들려오는 기차 소리에 아들은 아버지가 해준 이야기를 떠올리며 즐거운 상상을 할 수 있었다. 아들은 아버지의 이야기를 들으면서 차차 기운을 회복해 나갔다.

아버지의 이름은 오드리, 아들의 이름은 크리스토퍼였다. 이러한 부자의 대화를 들곤 했던 오드리 부인은 남편이 그린 그림과 이야기를 작은 출판사를 운영하고 있던 먼 사촌에게 보냈다.

아버지는 애정을 담아 아이에게 이야기를 해주었고 이러한 이야기를 바탕으로 현재도 전 세계 어린이들의 사랑을 받고 있는 '토마스 기차

Thomas Train'가 탄생한다. 또한 어머니의 메모를 활용한 경청 능력도 토마스 기차를 만나게 해 준 결정적인 역할을 했다.

💬 공감의 기술을 익혀라

이처럼 공감Empathy이란 다른 사람이 느끼고 있는 감정, 신념, 태도를 정확하게 포착하여 전달 할 수 있는 능력을 말한다. 이는 그 느낌을 표현하는 것이 어떤 결과를 초래 할 수 있는지를 고려할 수 있는 능력도 포함한다. 이야기를 해야 할 때와 하지 않아야 할 때, 나서야 할 때와 나서지 말아야 할 때를 모르는 것은 바로 상대방의 감정을 제대로 읽지 못하기 때문이다.

말 그대로 대화를 '잘 하기' 위해서는 일상에서 부딪히는 모든 사람과의 관계자극에 대해 아무 생각 없이 바로 반응하는 것을 우선 피해야 한다. 자극과 반응 사이의 공간간격 에서 선택의 순간이 단 몇 초가 되더라도 시간을 갖어야 한다. 반응을 선택하는 비결은 간단하다. 그 동안 생각을 하는 것이다. '어떻게 하면 상대방의 마음을 진심으로 이해할 수 있을까?' 라고 말이다. 그것을 실천할 정도로 내 마음에 여유가 있다면 적극적으로 실천하면 되고, 그렇지 않다면 차라리 침묵을 지키면 된다.

한 마디로 상대방의 숨은 의도를 잘 읽는 사람이 공감력도 높은 사람이다. 다른 사람들이 말할 때 보통의 경우 '무시·듣는 척·선택적 듣기· 적극적 경청·공감적 경청'이라는 다섯 가지 중 한 가지 수준에서 듣게 된다고 한다.

아예 들으려고 노력하지 않거나 듣는 시늉만 하는 단계가 무시, 흥미 있는 부분에만 귀를 기울이는 것이 듣는 척에 해당한다. 상대방이 무엇을 말하는 지에만 집중하며, 자신의 경험과 비교하며 듣기는 선택적 듣기이며, 공감적 경청은 단순히 듣고 응수해 주는 것이 아닌 상대방이 말할 때 자신의 생각은 배제시키고, 눈과 귀와 마음을 동원하여 잘 듣는 것을 말한다. 듣는 훈련을 지속적으로 하다 보면 이전에는 들리지도 보이지도 않던 상대방의 말하는 진짜 의도와 정확한 내용의 이해가 가능해 진다.

처음 네 가지 수준에서는 내 입장에서 듣는 것이나 다섯 번째 수준의 공감적 경청Empathic Listening을 실천하는 것은 다른 사람이 진정으로 말하는 의미를 파악하려 하고 그의 입장에서 이해하고자 노력하는 단계다. 아버지인 오드리가 아들의 마음을 기쁘게 해주기 위해 노력했던 것처럼 말이다.

> 공감적 경청Empathic Listening을 실천하는 것은 다른 사람이 진정으로 말하는 의미를 파악하려 하고 그의 입장에서 이해하고자 노력하는 단계다.

잘 듣는 것은
잘 말하는 것보다 힘이 세다

흔히 커뮤니케이션에서는 듣기, 읽기, 쓰기, 말하기의 순서로 중요하다고 한다. 그렇지만 가장 중요한 듣기를 잘하는 사람보다는 못하는 사람이 더 많다. 재차 말하지만 공감적 경청이란 상대방을 이해하려는 의도를 가지고 '잘 듣는' 것을 뜻한다. 이는 내가 먼저 상대방을 이해하고 다른 사람의 관점을 통해 사물을 보는 것, 즉 그들이 세상을 보는 방식에 입각해 세상을 바라보는 것을 말한다.

주변에서 문제가 있는 사람들을 보면 "우리는 서로 말이 안통해요." 라거나 극단적으로 "서로 얘기도 하지 않는 걸요." 라고 말하는 경우가 있다. 이렇듯 커뮤니케이션의 문제는 결국 인간관계에 있어 서로간의 근본적인 문제를 일으키는 큰 원인이 된다.

많은 사람들이 누군가가 자신의 이야기를 진심으로 들어주기를 바란다. 누구나 자신의 이야기에 주의를 기울여주면 자신의 존재에 대해 인정받는 느낌을 갖게 되기 때문이다.

누군가에게 긍정적인 인상을 주고 싶다면 아들의 쾌유를 바라는 아버지의 마음처럼 애정을 담아 잘 들어주면 된다. 미국의 하원 의원이었던 리처드 게파트Richard Gephardt는 자신의 성공 비결에 대해 자신의 어머니가 항상 이렇게 강조했다고 말했다.

"상대방의 입장이 되어라. 네가 듣기에 좋은 말을 상대방에게도 해라. 대화를 나눌 때는 질문을 많이 해라. 상대방은 자신에게 질문해주기를 바라고 자신에 대해 알아주기를 바란다."

'1·2·3원칙'이라는 것이 있다. 이는 1분 동안 말하고, 2분 동안 들어주고, 남은 3분 동안은 맞장구쳐주라'는 것이다. 다시 말해 1분간 말했으면 5분 동안은 잘 들으라는 뜻이다. 이것이 듣기가 아니라 말하기의 원칙으로 알려져 있는 것만 보아도 말을 잘 하려면 먼저 잘 들어야 한다는 점을 다시 한 번 알 수 있다.

침묵의 공감 '맞다 스님'의 지혜

경상남도 산골의 한 절에는 사람들의 이야기를 잘 들어주는 스님이 계신다. 그 분은 법명대신 '맞다 스님'으로 불린다. '맞다 스님'은 커다란 금강보좌에서 불법에 대해 말씀하시거나 특별한 능력을 발휘하시지도 않는다. 단지 텃밭 일을 하면서 사람들의 말을 조용히 들어주다가 가끔 '맞다' 하고 맞장구만 쳐주시곤 한다. 그런데도 많은 사람들이 그 분을 만나기 위해 줄을 잇는다.

그래서 그 분은 각지에서 몰려드는 사람들을 사찰이 아닌 밭에서 만날 때가 더 많다. 그럴 때면 사람들은 하루 종일 밭을 가는 '맞다 스님' 옆에 앉거나 서서 자신들의 고민을 털어놓는다고 한다. 부모 속 썩이는 자식 문제, 바람피우는 남편이나, 사기치고 달아난 친구 이야기, 평생을 바쳐 일한 자신을 갑자기 내쫓은 회사 이야기…. 그렇게 오랜 시간 이야기 하다가 분이 풀린 사람들은 누구나 "스님, 그 사람이 그렇게 하는 데는 자기 나름대로 고민이 있었겠지요?" "스님, 그래도 제가 참아야겠지요?" "스님, 제가 먼저 화해해야겠지요?" 라고 말한다. 그때 스님은 마지막으로 "맞다, 맞다, 네 말이 딱 맞다." 이렇게 말씀을 하신다.

스님 옆에서 시간 가는 줄 모르고 이야기한 사람들은 스님에게 '맞다'는 말만 들었을 뿐 별반 신통한 답변은 듣지 않았는데도 속이 후련하고 마음이 편해진다. 그러니 다음에 무슨 일이 있으면 '맞다 스님'을 또 다시 찾아오게 되는 것이다.

맞다 스님의 이야기처럼 누구나 자신의 마음에 있는 고민을 털어놓고 얘기를 하고 싶어 하는 강한 욕구를 갖고 있다. 이러한 욕구를 잘 채워주는 사람이 인기 있는 사람이 되는 것이다. 또한 맞다 스님이 충고나 조언대신 보여준 침묵은 분명 쉴 새 없이 떠드는 것보다 힘이 세다. 현자들은 침묵을 하나의 덕목으로 표현했다. 『탈무드』에서는 '침묵은 만병의 약'이라고 표현했고, 에우리피데스Euripides 는 '침묵이야말로 최상의 응답'이라고 말했다.

'공감적 경청'이란 내 안의 감정과 의견은 참고 침묵으로 들어줌을 포함하는 개념이다. '착하게 살자'만큼이나 실천하기 쉽지 않아 보이지만 모든 일이 그렇듯 한 번 하고 두 번하고 하다보면 점점 의식하지 않고도 습관화 될 것이다.

토마스 기차는 아들에 대한 아버지와 어머니 사랑의 결과물이다. 이 처럼 경청과 침묵의 바탕에는 상대방에 대한 애정이 있어야 한다. 애정 을 가지고 상대방의 말을 들어보라. 그러면 상대방의 마음도 점점 열리 게 될 것이다.

> **토마스 기차의 메시지**
>
> 애정을 담은 커뮤니케이션의
> 결과물인 토마스 기차 이야기처럼
> 상대방의 말에 대해 경청하고
> 공감하는 것을 통해 나와 상대방은
> 서로 이해의 폭을 넓히게 된다.

"누군가를 사랑한다는 건 말이지, 그건 그 사람을 믿는 거야"

:: 하치 아야기

실화에 기초하여, 시부야 역에서 10년의 시간 동안 주인을 기다린 충견 하치의 이야기로 인간과 개 사이의 특별한 관계를 다룬다. 영화 및 책으로 작품화 되었으며 실제로 일본 동경의 시부야 역에는 하치의 생전에 세워진 동상이 있다.

"신뢰는 사랑을 본질로 한다. 믿으니까 믿는 것이다.
사랑하니까 사랑하는 것이다. 거기에 대단한 이유는 없다".

-로망 롤랑

아무런 연락도 없고 언제 올지도 모르는 누군가를 기다린다는 것은 쉽지 않다. 그것도 하루도 1년도 아닌 10년을 말이다. 이를 실천한 충견이 있다.

눈 내리던 어느 겨울날, 한 농가에서 태어난 아키다견 한 마리가 동경제대 농학부 교수인 우에노 박사의 집으로 보내진다. 교수는 힘차게 땅을 박차고 서 있는 이 강아지를 보고 다리 모양이 팔八자라는 뜻에서 '하치일본어로 하치는 8을 의미'라는 이름을 지어준다.

우에노 박사는 항상 시부야 역에서 전차를 타고 내렸고 출근할 때마다 하치를 시부야역으로 데리고 다니기 시작한다. 교수의 사랑을 받던 하치는 매일 박사를 배웅하러 나온다.

주인과의 행복한 시간인 1년 반이 흐르고 교수는 강의 도중 급사急死

하는 비극을 맞는다. 이런 사정을 전혀 알 길이 없는 하치는 시부야 역 인파 속에서 박사를 기다리고 또 기다린다. 그 기다림의 시간이 쌓이고 쌓여 10년이 되고 많은 사람들이 이러한 하치를 기특하게 여겨 하치의 생전에 동상이 세워진다.

왜 하치는 주인을 그토록 기다린 것일까? 바로 자신의 주인은 반드시 돌아오리라는 믿음 때문이었다. 그러한 믿음은 그냥 생겨난 것일까? 아니다. 생전에 주인이 하치에게 먼저 준 사랑의 결과였다.

박사는 하치와 함께 공원을 산책하는 것은 기본이었고, 볕드는 마루에서 벼룩을 잡아주기도 했으며 목욕도 함께 했다. 심지어는 부둥켜안고 잠들기까지 했다. 이러한 교수의 하치 사랑에 우에노 부인은 질투심마저 느낄 정도였다.

이렇듯 하치는 우에노 교수의 지극한 사랑과 보살핌 속에서 성견으로 자라났고 매일 아침 출근하는 교수를 시부야역까지 배웅했으며 저녁에는 마중을 나갔던 것이다. 마치 교수의 사랑에 보답이라도 하려는 듯이 말이다.

심리학자이자 컨설턴트인 잭깁Jack.Gibb 은 "신뢰란 위험을 안고도 가까스로 살아남은 결과다." 라고 말했다. 누군가가 당신을 신뢰하고 있다면 그들은 분명 위험을 감수하고 있는 셈이다. 하치가 오지 않는 주인을 10년 간 기다린 것도 바로 이런 이치다. 사랑의 힘으로 형성된 신뢰는 주인이 반드시 돌아오리라는 믿음을 주었고 그 기나긴 기다림을 가능하게 했다.

서로가 서로를 신뢰하는 일이 반복되어 갈 때 그 위험도 점점 작아지면서 탄탄한 관계의 구축으로 이어지게 되는 것이다.

심리학자이자 컨설턴트인 잭깁Jack.Gibb은 "신뢰란 위험을 안고도 가까스로 살아남은 결과다." 라고 말했다. 누군가가 당신을 신뢰하고 있다면 그들은 분명 위험을 감수하고 있는 셈이다.

💬 신뢰의 시작점은 당신이 아니라 '나'다

상대방의 신뢰를 얻고 싶다면? 그 시작점은 바로 나 자신이다. 나와 다른 사람과의 관계에서 생겨나는 긍정적인 에너지의 근원은 '나'임에도 불구하고 "그 사람이 먼저 우리 관계에서의 믿음을 깨버렸어. 그래서 우리의 관계도 이제 끝이야." 라고 상대방을 탓하기 쉽다.

모든 것을 '내 탓이오, 내 탓이로소이다.'라고 문제의 근원지를 밖이 아니라 나에게서 찾을 때 문제의 원인도 좀 더 수월하게 알아낼 수 있다. 스스로는 한 말에 대해 책임을 지지 않으면서 상대방에게는 "너는 왜 그렇게 하지 않았니?" 해봤자 되돌아오는 것은 "너나 잘 하세요!"가 아닐까?

우에노 교수를 하치가 충실하게 기다릴 수 있었던 것은 분명 비슷한 시간에 그 역에 돌아온다는 약속을 교수가 먼저 실천했기 때문이다. 반대로 스스로 약속을 하도록 만들어 두는 것이 신뢰도를 높이는 방법 중의 하나가 된다. 그러므로 약속은 적게 하되 한번 한 약속은 반드시 지키는 것이 좋다. 만약 약속은 적게 하고 언제나 자신이 약속한 것 이상의 보답을 한다면 상대방도 당신을 점점 신뢰하게 될 것이다.

신뢰를 얻고자 한다면 그 사람에게 성실해보라

보통 수준의 주인은 개에게 밥을 주고 때때로 산책을 데리고 다니는 정도는 보살핀다. 하지만 우에노 교수가 보여준 건 분명 사랑 이상이었다. 이 둘은 주인과 개라는 수직적인 관계가 아니라 함께 눈높이를 맞추는 수평적 관계였다.

우에노 교수는 자신이 잠시 출장을 가는 동안 하치를 잘 돌보라는 부탁과 함께 이런 말을 한다.

"사람에게는 인격이 있고 개에게는 견격이 있는 것이오. 우리 집에 있는 동안에는 하치를 존중해 주었으면 하오."

여기서 신뢰를 형성하는 리더십의 힌트를 얻을 수 있게 된다. 상대방에게 신뢰받는 리더가 되려면 상대방을 향한 눈높이는 평행해야 하고 진심으로 존중한다는 점이다. 일반적으로 리더의 위치에 있는 사람들은 자신은 '위'에 있으면서 상대방은 '아래'에 있는 것처럼 행동한다. 이러한 구조에서는 따르는 척은 할 수 있지만 진심으로 리더를 존경하는 마음으로 따를 수는 없다. 상대방에 대해 존중하는 마음과 애정이 있다면 그 사람 위에서 군림하려려해서는 안 된다. 상대방이 힘들어하면 기운을 북돋아주고 손을 내미는 리더는 항상 옆에서 보조를 맞춰가며 함께 한다.

신뢰감은 자기 신뢰로 이끈다

사랑은 상대방이 나를 신뢰하게 만들 뿐 아니라 그 믿음의 파장은 자기 신뢰로 이끌어주는 힘이 되어 주기도 한다.

일본의 소프트뱅크 손정의 회장은 어릴 적 아버지의 사랑 속에서 자라났다. 어릴 때부터 그의 부친은 늘 "우리 아들은 일본 최고다." 라고 칭찬했다고 한다. 어린 손정의는 아버지의 사랑에서 비롯된 그런 말이 마냥 듣기 좋으라고 하는 말이라 생각했을지도 모른다. 하지만 그가 처음으로 일본에서 소프트뱅크를 창업했을 때, 전 직원 세 명을 모아놓고

"우리 회사는 일본의 최고 회사다!" 라고 외치게 했다고 한다. 그는 자신이 갓 창업한 회사가 일본 최고의 회사라고 믿었다. 그리고 결국 실제로도 그러한 믿음은 성과로 이어졌다.

이처럼 누군가에게 신뢰를 받으면서 살아가면 실제로 그러한 신뢰에 맞는 결과로 이끌 확률도 높아진다.

우에노 교수와 하치는 사람과 동물이라는 인연으로 만났다. 하지만 사람과 사람 사이만큼이나 그들은 서로에 대한 믿음을 쌓았다. 물론 하치는 사람처럼 말을 할 수 있었던 것도 아니었지만 눈빛으로 그의 마음을 이해하고 받아들일 수 있었을 것이다.

하치가 매일 역에 마중나간 것은 자신을 사랑으로 대해주고 친구로 인정해 준 주인에 대한 신뢰감을 행동으로 표현한 것이다. 그것이야말로 하치의 진정한 사랑법이었다.

누군가의 마음을 열고 그와 신뢰를 쌓으려면 '사랑'과 '시간'이라는 요소가 필요하다. 사랑하는 마음을 표현하는 것은 엄청난 희생이 아닌 작은 관심이라도 괜찮다. 하지만 지속적이어야 한다. 누군가의 마음을 사로잡고 싶다면 먼저 지속적인 사랑을 베풀라. 신뢰는 분명 시간이 쌓아줄 것이다.

하치의 메시지

상대방에게 먼저 관심과
사랑을 주어라.
이는 상대방의 마음을
사로잡고 신뢰감을 만드는
최고의 방법이다.

• 제2장 • 나를 사랑하고 타인을 긍정하는 마법의 코칭

토토로의 메시지

"격려와 도움은
사람과 사람 사이의
윤활유 같은 것!"

∷ 이웃집 토토로

미야자키 하야오 감독의 애니메이션 속 토토로는 사람이 살기 훨씬 전 먼 옛날부터 숲
속에 살고 있다고 전해지는 요정으로 수명은 천 년 이상이라고 한다. 2미터가 넘는 체구,
복슬복슬한 털에 둘러싸여 있다. 숲 속의 동굴이나 오래된 나무속에 살고, 소란스러운
것을 싫어하며 순수한 어린이의 눈에만 보이는 요정 같은 캐릭터다.

"다른 사람을 위해 해줄 수 있는 가장 큰 선행은,
자기의 부를 나눠 주는 것이 아니라 그 사람 자신의 부를 깨닫게 해주는 것이다."
-벤저민 리즈레일리"

토토로와의 만남으로 행복감에 부풀어 있는 사츠키와 메이. 그러나 그때 병원에서 어머니의 퇴원이 연기되었다는 전보가 온다. 불안해하는 메이는 사츠키의 만류에도 불구하고 혼자 어머니를 찾아 병원으로 떠났다가 길을 잃는다. 온 동네를 뒤졌지만 메이는 흔적조차 없고 저수지에선 어린 여자아이의 샌들이 발견된다. 사츠키는 메이를 찾기 위해 애타게 토토로를 부른다. 엄마의 위독한 상황과 사라진 메이.

"도와줘, 토토로!" 토토로에게 도움을 청한 사츠키는 '고양이 버스'를 타고 메이에게 향한다. 길을 잃고 울고 있던 메이를 발견한 사츠키는 둘이 함께 엄마의 병실 창가에 옥수수를 놓고 돌아온다.

애니메이션 〈이웃집 토토로〉의 주인공 토토로는 말이 없고 소란스러운 것을 싫어하며 순수한 어린이의 눈에만 보인다. 주인공임에도 불구하고 자주 등장하지도 않고 사츠키와 메이의 꿈에 나타나 나무 위에서 논 것 빼고는 오랜 시간 함께한 것도 아니다. 하지만 불쑥 나타나 도토리를 선물하거나, 나무가 빨리 자라기를 바라는 아이들의 마음을 읽고는 꿈에 나타나 커다란 나무로 키워주는 등의 도움을 준다.

이처럼 누군가에게 힘이 되는 격려는 말로만 할 수 있는 것은 아니다. 한 번 등을 토닥여주는 것, 한 번 힘껏 악수를 청하는 것 등 무언의 행동은 상대방의 마음을 뭉클하게 하는 강력한 힘을 갖고 있다.

이렇게 위로의 말을 늘어놓는 것보다 힘들어하는 상대방의 손을 지그시 한 번 잡아주거나 마음이 담긴 작은 격려의 선물을 건넨다거나 등을 톡톡 두드려 주는 편이 훨씬 위로가 되는데, 이를 텍타일Tactile 효과라고 한다. 토토로는 말보다 훨씬 매력적인 위로를 할 줄 아는, 텍타일 효과를 확실하게 실천하는 캐릭터인 것이다.

> **텍타일**Tactile **효과** 위로의 말을 늘어놓는 것보다 힘들어하는 상대방의 손을 지그시 한 번 잡아주거나 마음이 담긴 작은 격려의 선물을 준다거나 등을 톡톡 두드려 주는 편이 훨씬 위로가 되는 것을 말한다.

격려는 인생의
영양제다

"딩동댕 초인종 소리에 얼른 문을 열었더니 그토록 기다리던 아빠가 눈앞에 서 계셨죠. 너무나 반가워 웃으며 아빠 하고 불렀는데 어쩐지 오늘 아빠의 얼굴이 우울해 보이네요… 아빠 힘내세요, 우리가 있잖아요." 라는 해맑은 아이들 목소리의 〈아빠 힘내세요〉를 들으면 나도 모르게 힘이 난다. 이처럼 힘든 상황에 있어도 누군가가 '지금까지 잘 해 왔잖아, 이번에도 잘 될 거야 걱정하지마!' 라는 문자 메시지 하나 말 한 마디에 힘이 나는 경험을 누구나 한번쯤은 해봤을 것이다.

어려운 순간이 닥칠 때 '어려움, 그 까짓 것'라고 생각해버릴 수 있는 여유가 있을 땐 그래도 괜찮은 편이다. 하지만 내가 처한 상황이 누군가에게 닥친 어려움보다 훨씬 크게만 느껴질 때는 분명 어려움을 현명하게 헤쳐 나가기 위한 도움이 필요하다.

믿음은
긍정의 결과로 이끈다

불량 청소년이었던 톰 모너건Tom Monaghan, 그를 세계적인 기업인 도미노 피자Domino's Pizza의 창업주로 이끈 것은 그를 믿어 준 선생님의 "나는 너를 믿어, 그러니 힘을 내!" 라는 한 마디의 격려 때문이었다고 한다. 한 마디의 진심어린 격려는 한 사람의 인생을 바꾸기도 한다. 그뿐만이 아니다. 많은 위대한 업적을 남긴 사람들의 경우 누군가의 결정적인 한 마디에 힘을 얻어 위대한 업적으로 연결시킨 경우는 무척 많다.

만화 〈딜버트Divert〉를 그린 스콧 애덤스Scott Adams의 경우도 자신이 만화가로서 성장하는데 영향을 준 사람에 대한 일화를 갖고 있다. 그는 만화가를 지망하면서 수십 차례 잡지와 신문의 편집자들에게 자신의 포트폴리오를 보냈지만 모두 거절당했다. 어떤 편집자는 심지어 전화를 해서는 미술 수업을 좀 더 듣는 게 어떻겠냐는 조언까지 했다.

하지만 당시 유나이티드 미디어의 편집장이었던 새라 길레스피Sarah Gillespie는 그에게 전화를 걸어 "계약하시지요."라고 말했다. 처음 애덤스는 그 말을 믿지 않았다. 그래서 "어디를 더 고쳐야 하나요? 스타일은 어떻게 바꾸어야 하죠? 어떤 파트너를 구해야 하죠?"하고 물어보았다. 하지만 그녀의 대답은 명확했다. "아니요, 애덤스 씨의 스타일을 바꿀 필요는 없습니다. 이미 지금 그림으로 충분하니까요. 지금처럼만 그려주세요."라고 답한 것이다. 그는 그녀와의 전화를 끊고 난 순간부터 그림을 더 잘 그릴 수 있었다고 한다.

사실 당시 수십 차례의 거절에 시달리던 애덤스는 그녀의 제안을 받아들이는 것이 두려울 지경이었다고 고백한다. 하지만 그녀의 확신에 찬 목소리가 그의 자신감을 일깨웠고 그는 작품에 몰입할 수 있었다. 그녀의 믿음이 아니었다면 전 세계적인 사랑을 받는 딜버트를 영영 만나지 못했을 것이다.

칭찬과 격려로 나르시시즘을 충족시킨다

작곡가 라흐마니노프Sergei Vasilyevich Rachmaninoff의 대표곡은 〈피아노 협주곡 제 2번〉이다. 그는 우연히 이 곡을 작곡한 것이 아니라고 한다. 25세 때 이미 '천재적인 음악가'라는 소리를 들은 그는 너무 자만했다가 큰 실패를 겪었고 마침내 정신병원까지 가게 된다. 이 때 담당의사였던 니콜라스 델 박사는 "당신 안에 위대한 것이 잠들고 있습니다. 그것은 세상에 나갈 날을 기다립니다." 라고 말했단다. 이 말에 용기를 얻은 그가 작곡한 곡이 〈피아노 협주곡 제 2번〉이라고 한다.

피그말리온 효과Phgmalion Effect는 타인의 기대나 관심으로 인하여 능률이 오르거나 결과가 좋아지는 현상을 말하는 것으로 로젠탈 효과Rosenthal Effect혹은 자성적 예언이라고도 한다.

피그말리온은 그리스 신화에 나오는 조각가의 이름으로 그는 아름다운 여인상을 조각하게 된다. 그리고 자신의 조각상인 그 여인에게 점점

• 제2장 • 나를 사랑하고 타인을 긍정하는 마법의 코칭

빠지게 된다. 그리고 결국 그것이 조각상이라는 사실도 잊은 채 사랑하게 된다. 여신인 아프로디테는 그의 이러한 사랑에 감동하고 그 조각 여인상에 생명을 주게 된다. 결국 기대와 관심은 그 믿음대로의 결과를 이끄는 힘을 갖고 있다는 것이다. 라흐마니노프는 바로 이러한 효과를 경험한 것이다.

인간은 논리적이기도 하지만 분명 감정에 더 많이 좌우된다. 누구나 자신을 좋아하는 사람을, 자신을 인정하는 사람을 그렇지 않은 사람보다 더 좋아한다. 나도 비평이나 꾸중보다는 "너 정말 잘 하고 있어!" 라는 칭찬에 더 힘이 나서 열심히 하는 사람이다.

상대방에 대한 칭찬은 바로 이러한 나르시시즘을 충족시켜주는 최고의 방법이다. 괴테는 "남을 칭찬하는 것은 자신이 낮아지는 것이 아니라 오히려 상대방과 같은 위치에 자신을 끌어올리는 것과 같다."고 말했다. 이처럼 상대방의 마음과 나의 마음이 동시에 만족감으로 차오를 수 있는 가장 쉬우면서도 최고로 효과적인 방법은 바로 칭찬이다.

타인에게 진심으로 칭찬의 말 한 마디를 건네는 일은 사실 어려운 일이 아니다. 그러나 이를 실제로 실천하는 이는 많지 않다. 그래서 칭찬을 통해 남을 추켜올려주는 사람은 스스로를 자랑하는 사람보다 훨씬 빛난다. 그리고 칭찬을 잘 하는 것은 호감의 원천이 되기도 한다. 작은 칭찬 하나씩만 늘려나가면 언젠간 인간관계의 달인이 된다는 사실을 잊지 말자.

세상을 행복 에너지로 채우는 격려의 공명현상

일본의 미야자키 현 고지마라는 섬의 원숭이들은 흙이 묻은 고구마를 손으로 대충 털어 먹었다. 어느 날 한 마리가 강물에 고구마를 씻어 먹기 시작했고 그러자 다른 원숭이들도 이를 하나 둘씩 따라했다. 결국 '고구마를 씻어 먹는 것'이 하나의 새로운 행동 양식으로 정착해 가게 되었다. 이런 원숭이의 숫자가 어느 정도까지 늘어나자 이 섬 말고도 다른 지역의 원숭이들 사이에서도 똑같은 행위가 동시 다발적으로 나타났다. 서로가 전혀 접촉이 없고, 의사소통도 할 수 없는 상황에서 마치 신호를 보내기라도 한 것처럼 정보가 흘러간 것이다. 이것을 미국의 과학자 라이올 워슨Lyall Watson은 '백 마리째 원숭이 현상'이라고 이름 붙였다. 어떤 행위를 하는 개체의 수가 일정량에 달하면 그 행동은 그 집단에만 국한되지 않고 공간을 넘어 확산되어가는 불가사의한 현상을 말한다.

많은 학자들의 여러 가지 실험 결과 이는 인간을 포함한 모든 종에서 가능한 일이라 한다. 그럼 이러한 공명현상을 세상의 가치관이나 구조에 적용시켜도 같은 결과가 나타나지 않을까? 실제로, 깨달은 10퍼센트의 사람에 의해 세상을 지배하는 가치관도 바뀐다고 한다.

호손 효과Hawthorne Effect는 사람들은 누군가 관심을 가지고 지켜보면 더 분발한다는 이론이다. 그런 현상은 할 수 있다고 믿으면 잘하는 피그말리온 효과와도 비슷하지만, 여럿이 함께 일하면 생산성이 올라가는 사회적 촉진 현상과도 관련 있다.

나는 "힘내!"라는 뜻의 간바레がんばれ!라는 말을 가장 좋아한다. 일본인들은 "안녕하세요!" 라는 인사만큼이나 "힘내!" 라는 격려의 말을 서로 자주 한다. 우리도 일상의 인사만큼 "힘내!"라는 말을 자주 주고받았으면 좋겠다. 그리고 서로를 격려하는 공명현상을 일으켰으면 한다. 세상의 10퍼센트의 사람들이 서로를 매일매일 격려한다면 이를 통해 받는 긍정적인 에너지는 더 큰 긍정적인 결과물들을 만들어 줄 것이고 분명 더 행복한 세상이 될 것이다. 이제 당신이 먼저 10퍼센트의 사람 중 한 명이 되어보는 것은 어떨까?

호손 효과Hawthorne Effect는 사람들은 누군가 관심을 가지고 지켜보면 더 분발한다는 이론이다. 여럿이 함께 일하면 생산성이 올라가는 사회적 촉진 현상과도 관련 있다.

> **"** 이웃집 토토로의 메시지
>
> 토토로가 실천한 무언의
> 도움과 격려의 방법을 본받자.
> 격려와 칭찬은 상대방의
> 마음을 사로잡는
> 효과적인 방법이다.**"**

·제3장·

마음의 능력을 키우는
심리 트레이닝

 아기 코끼리 덤보의 메시지

"하고 싶은 거 있어?
그럼 일단 한번
덤벼 보는 거야!"

:: 아기 코끼리 덤보

월트 디즈니의 오래 된 만화영화 중에서 가장 작품성이 높은 것으로 평가받고 있다.
1941년 아카데미에서 작곡상을 수상했다. 커다란 귀로 인해 놀림 받는 서커스의 아기
코끼리 덤보의 이야기다.

실패에 대해 지나치게 책임감을 느끼는 사람이 있다. 게다가 한 번 실패했다는 사실에 얽매어 두 번 다시 도전하지 않으려고 한다. 미국의 학자 폴 마이어Paul J. Meyer는 이런 사람을 '서커스의 코끼리'에 비유한다. 서커스단의 코끼리는 무대에 서지 않을 경우 쇠사슬로 묶여 있다. 사실 쇠사슬은 코끼리의 힘으로는 간단히 끊을 수 있지만 코끼리는 절대 도망치려하지 않는다고 한다. 어렸을 적 몇 번이고 쇠사슬을 끊고 도망치려 하지만 어린 코끼리의 힘으로는 도저히 쇠사슬을 끊을 수 없었던 기억이 남아 있어 어느 순간 코끼리는 시도조차 하지 않게 되는 것이다. 성장하여 쇠사슬을 끊을 힘이 생긴 후에도 두 번 다시는 달아날 시도는커녕 달아날 생각도 하지 않게 된다. 하지만 우리의 아기 코끼리 덤보Dumbo는 다르다.

우리에게 내재된
무한 가능성

서커스단의 아기 코끼리 덤보는 그의 커다란 귀 때문에 언제나 서커스 식구들의 놀림을 받는다. 처음 서커스에 출연하는 날, 덤보는 귀엽게 꾸민 후 관객 앞에 선다. 하지만 그의 크고 못생긴 귀 때문에 구경 온 아이들의 놀림을 받게 된다. 그러자 덤보를 세상에서 가장 사랑하는 엄마는 덤보를 놀리는 아이들을 혼내 주게 된다. 이로 인해 서커스 장은 온통 아수라장이 된다. 엄마는 이 사건으로 미친 코끼리로 몰려 서커스단을 떠나는 상황에 처한다. 다른 코끼리들은 모든 것이 덤보의 큰 귀 탓이라며 그를 따돌린다. 엄마를 잃은 덤보는 갑자기 서커스단에서 친구 하나 없는 외로운 신세가 되지만 낙천적인 성격의 생쥐 티모시를 만나 친구가 된다. 티모시는 덤보에게 용기를 잃어선 안 된다고 위로한다. 그리고 그를 엄마에게 데려다 준다. 덤보는 엄마의 노래를 들으며 용기를 갖게 되고 티모시의 도움으로 덤보는 커다란 귀를 펄럭이며 하늘을 나는 일에 도전을 하게 된다.

어느 날 덤보는 티모시가 그에게 준 마술 깃털로 인해 진짜로 날 수 있게 되었다. 하늘을 나는 덤보를 보고 군중들은 환호했다. 그를 조롱하던 이들도 환호하며 박수를 쳤다. 덤보는 자신감이 넘쳤고 한없이 자유로웠다. 그러던 중 그만 코에서 마술 깃털을 떨어뜨리고 만다. 덤보는 땅으로 곧장 곤두박질쳤고, 금방이라도 땅에 부딪힐 것처럼 보였다. 그때 덤보의 등에 있던 생쥐가 외쳤다.

"덤보! 네가 날 수 있었던 것은 깃털 때문이 아니야. 바로 네가 한 일이야. 너는 방법을 알고 있잖아!"

이 말을 들은 덤보는 용기를 내서 두 귀를 힘껏 펄럭거린다. 그리고 결국 자유롭게 계속 하늘로 날아오른다. 자신만의 힘으로 말이다.

큰 귀로 인해 덤보는 많은 이들의 놀림을 받았고 이로 인해 상처도 생겼지만 결국 용기로 이겨냈고 내면에 잠재되어 있던 능력을 발휘한다.

우리 모두는 때때로 실수를 한다. 단지 실수를 한 것뿐임에도 불구하고 이를 실패로 받아들여 앞서 말한 일반적인 서커스 코끼리의 오류를 범하는 경우가 있다.

특히 남녀 관계에 있어 더더욱 실수를 실패로 받아들이는 경우가 많다. 어떤 사람을 매력적으로 생각하거나 좋아하는 감정을 갖는 것은 나쁜 일이 아니다. 상대방이 받아들여주지 않는다 하더라도 그것은 실패가 아니다. 한 차례의 고백이 받아들여지지 않았다고 해도 이 또한 마찬가지다. 상대방이 내가 먼저 한 인사를 받아주지 않았던 것은 무시가 아니라 그저 그가 무심코 지나친 것이었을지도 모른다.

영화 〈토이 스토리Toy Story〉에서 자신은 장난감이라서 하늘을 날 수 없다고 자신감을 잃고 있던 바즈는 결국 하늘을 날게 된다. "굉장해! 하늘을 날았어!" 라는 말에 바즈는 "별 것 아니야. 멋지게 떨어졌을 뿐이야!"

라고 답한다. 이처럼 실패도 경험과 도전을 했을 때에만 얻을 수 있는 값진 결과다.

행동에 날개를 다는 몇 가지 방법

그렇다면 망설여지는 무엇인가를 쉽게 행동으로 옮기기 위한 방법에는 무엇이 있을까? 예를 들어, 담배를 시도하는 경우 '조건부 계약유관 계약'이란 방법을 써보자. 친구에게 '자신이 담배를 피울 경우 얼마의 금액을 주겠다'고 약속함으로써 자신의 행동에 제약을 두는 것이 바로 조건부 계약이다. '공개 표방'이란 것도 있다. 자신이 달성하고자 하는 목표를 공개적으로 알림으로써 주위 사람들의 지원을 얻는 방법이다. 자신이 목표로 삼은 행동을 공개적으로 말하면 자신이 한 말에 더 책임을 느끼고, 실없는 사람이 되지 않기 위해 약속을 더 잘 지키게 되는 이치를 '떠벌림 효과Profess Effect'라고 한다.

누구에게나 도전은 어느 정도 두렵고 하기 싫은 일이다. 이럴 때 "내가 올해 안에는 반드시 다이어트에 성공하겠어. 5킬로그램은 확실하게 빼줄 꺼야. 그리고 좋은 사람도 만날 거야 두고 보라고!" 하면서 친한 사람들에서 큰소리로 자신이 도전할 과제를 자신 있게 말하는 것이다.

'셀프 대화법'도 있는데, 이는 말 그대로 혼자 말하고 혼자 답하는 방법을 통해 자신이 원하는 방향으로 행동하도록 이끌어주는 뇌 자극 행위다. 커뮤니케이션 전문가 이정숙 씨에 따르면 사람은 눈으로 보고 촉각으로 느끼고 냄새 맡고 귀로 듣는 모든 정보를 '말'로 구체화하여 뇌로 보낸다고 한다. 뇌는 이를 스키마Schema에 보내어 그림으로 압축 저장하였다가 꺼낼 때는 다시 말로 풀어서 사용한다. 따라서 이 과정을 통해 말은 머리 안의 정보들을 임의대로 왜곡 할 수 있으며, 느끼고 생각하고 보고 들은 정보들에는 의미가 없기 때문에 자신의 의도대로 말을 만들어서 중얼거리다 보면 뇌는 왜곡된 정보를 여과 없이 받아들이게 된다는 원리다. 그러니 "나는 용기를 가지고 이번에는 반드시 잘 해낼 거야." 라고 지속적으로 중얼거려라. 그러면 분명 좋은 결과로 이어질 확률도 높아진다.

세일즈 분야에서 억대 연봉을 받는 사람들의 경우 대부분 비슷한 철학을 갖고 있다. 바로 '항상 고객의 가까이에 있다는 생각을 갖게 하고 고객이 원하는 것을 해결해준다'는 인식을 심어주는 것이다. 한 보험왕은 구체적인 방법으로 '하루 100명의 고객과 대화한다.'는 목표를 정하고 이를 실천한다고 한다. 반드시 대면접촉을 하지 않더라도 전화나 메일 등 하루에 목표한 고객 수를 달성함으로써 자신의 행동력을 강화한다. 만약 자신이 낯가림이 심하다거나 소심하다고 생각된다면 '하루 세 명의 모르는 사람에게 말을 건다.' '인사를 건넨다.' 등의 목표를 정하고 이를 지속적으로 실천해보자. 그러다보면 자신도 모르는 사이 자연스럽게 바뀌고 싶은 모습으로 변화할 수 있을 것이다.

떠벌림 효과 Profess Effect 자신이 달성하고자 하는 목표를 공개적으로 알림으로써 주위 사람들의 지원을 얻는 방법이다. 자신이 목표로 삼은 행동을 공개적으로 표방하면 자신이 한 말에 더 책임감을 느끼고, 실없는 사람이 되지 않기 위해 약속을 더 잘 지키게 되는 이치를 말한다.

두려움은 부딪히는 순간 사라진다

"남들 앞에 서거나 저의 의견을 당당하게 말하는 게 너무 두려워요." 라거나 "나의 아이디어를 거절당하는 것이 두려워요." 라고 말하는 사람들이 있다. '이런 사람들은 과거에 크게 실패한 경험이 있어서 그런 게 아닐까?' 라고 생각하기 쉽다. 하지만 실제로 이런 유형의 사람들은 대체로 실제로는 심한 충격을 받을 만한 실패를 직접 겪은 경우가 거의 없다고 한다. 과거의 실패 경험이 정신적인 상처트라우마로 남는 것이 아니라 단지 실패를 피해왔기 때문에 실패할지도 모른다는 두려움에서 벗어나지 못하는 것이다. 결국 아프더라도 한 번 부딪힐 때마다 부딪히지 않아 두려워하는 것보다 두려움의 크기가 줄어든다. 단지 그 첫 시도가 제일 힘든 것뿐이다.

나는 이런저런 새로운 시도를 즐기는 편이다. 모르는 분야에 대해 하나씩 알아가는 것은 참 즐거운 경험이라 생각한다. 하지만 방송출연만큼은 시작 전부터 설렘보다는 두려움이 더 컸다. 평소 존경하는 분이 진행하시는 프로그램이었기 '잘 해야 할 텐데'라는 걱정이 앞섰고 스스로 말주변이 좋은 편은 아니라고 생각하고 있는 터라 방송 날짜가 다가올수록 더더욱 그 긴장감은 더해갔다. 언니의 도움을 받아 나름대로 사전 연습도 하였지만 연습을 할 때마다 말문은 막히고 걱정은 커져만 갔다. 녹화 당일 스튜디오에 일찍 도착한 나는 역시 굉장히 긴장되었다. 머릿속이 하얗게 변한 것 같았다. '어떡하지, 어떡하지'를 중얼거리다가 잠깐 심호흡을 하는데, 그 순간 생쥐 티모시의 "덤보! 네가 날 수 있었던 것은 깃털 때문이 아니야. 바로 네가 한 일이야. 너는 방법을 알고 있잖아!"라는 말이 생각났다. 그리고 용기를 내서 두 귀를 힘껏 펄럭거리면서 자유롭게 하늘로 날아오르던 덤보도 떠올랐다. '그래, 열심히 연습했으니 최선만 다하자'라는 생각과 함께 약간의 용기가 생겼고 마음도 차차 침착해졌다. 그리고 무사히 녹화를 마칠 수 있었다. 이러한 경험을 한 이후부터는 내가 못한다고 생각한 분야인 말하기에 대한 두려움도 많이 줄어들었다.

• 제3장 • 마음의 능력을 키우는 심리 트레이닝

💬시작이 없으면
결과도 없는거야

한 서커스단 공연에서 갑자기 트럼본 연주자가 빠지게 되어 난처한 상황이 되었다. 밴드마스터는 관객을 향해 "혹시 트럼본을 불 수 있는 분이 계십니까?"하고 물어보았다. 그랬더니 한 소년이 "저요!"라고 말하면서 앞으로 나갔다. 다들 약간 걱정스러운 눈빛을 보냈지만 그 소년은 당당하게 트럼본을 받아들었고 마침내 공연은 시작됐다. 하지만 악대는 곧 혼란스러운 상황에 빠졌다. 바로 그 소년이 담당한 트럼본이 엉뚱한 소리를 냈기 때문이었다. 이에 화가난 밴드마스터가 그 소년을 행해 "왜 거짓말을 했지?"하고 호통을 쳤다. 그러자 소년은 이렇게 대답했다. "저는 제가 트럼본을 불 수 있을지 없는지 몰랐어요. 여태까지 한 번도 트럼본을 불어본 적이 없었으니까요."

이 소년은 바로 월트 디즈니Walt Disney이다. '해 보지 않았다는 것을 할 수 없다'고 단정지어버리는 보통의 사람들과는 달리, 디즈니는 '해보지 않았으니 할 수 있는지 없는지 알 수 없다'는 열린 자세를 가지고 있었던 것이다.

사랑하는 사람에게 거절당하고 버림받을지도 모른다는 두려움, 새로운 일의 시작에 앞서 실패에 대한 두려움 등 우리는 스스로 넘어야 할 수 많은 두려움을 갖곤 한다. 하지만 이때 덤보가 깃털 없이도 자유롭게 두 귀로 날았다는 사실을 떠올려보라.

용기_{Courage}라는 단어는 '심장'을 뜻하는 프랑스어인 꿰흐_{Coeur}을 어원으로 한다. 심리학자인 롤로 메이_{Rollo May}는 다음과 같은 말을 했다. "심장이 각 기관에 혈액을 공급하여 우리 몸을 움직이게 만드는 것처럼, 인간을 인간답게 하는 것은 용기다. 인간은 용기가 없으면 진실하고 참된 인생을 살 수 없다." 용기를 내자. 그리고 한번 그동안 겁내고만 있었던 것에 도전해보자. 그러면 심장으로부터 뜨거워진 열정도 당신을 응원할 것이다.

66 아기 코끼리 덤보의 메시지

용기를 내자.
여러 가지 방법으로 시도하자.
당장엔 힘들고 아플지 모르지만
한 번 부딪힐 때마다
두려움의 크기도
현저히 줄어들 것이다. 99

© Disney

 엽기토끼 마시마로의 메시지

"세상의 모든 일은
사소한 관심에서부터
출발하는 거야"

:: 마시마로

2001년 인터넷 플래시 애니메이션이라는 형태로 등장했다. '엽기토끼'로도 알려져 있다. 마시마로는 작가 김재인이 조카가 맛있게 먹던 '마시멜로우'에서 힌트를 얻어 이 캐릭터를 탄생시킴으로 붙인 이름으로 전해진다. 2002년을 시작으로 그 후 몇 년간 〈대한민국 캐릭터 대상〉을 수상했으며, '봉제 인형 1천만 개 판매'라는 경이적인 기록을 세우기도 했다.

"무의미는 인생이 꽃을 피우는 것을 억눌러 결국에는 병이라는 형태로 나타난다.
의미 있음은 많은 일을, 어쩌면 모든 일을 참고 견딜 수 있게 해 준다."
- 칼 융

쫙 찢어진 눈, 약간 우울해 보이는 흰색의 토끼 마시마로! 마시마로는 인터넷 플래시 애니메이션이라는 형태로 우리 곁에 혜성처럼 나타난 캐릭터다. 마시마로라는 본명보다 '엽기토끼'라는 예명으로 국산 캐릭터로는 처음으로 폭발적인 인기를 모았다. '대한민국 캐릭터 대상 수상, 봉제 인형 1천만 개 판매'라는 경이적인 기록을 갱신한 주인공이기도 하다.

이 토끼는 작가가 우연히 조카가 먹던 마시멜로우에서 힌트를 얻어 초안을 그렸고, 이를 당시 유행하던 엽기코드와 연결, 플래시 애니메이션이라는 새로운 시도를 접목시켜 탄생되었다. 아주 사소한 계기와 시도에서 그려진 것이다. 처음부터 거창하게 캐릭터로 성공하겠다고 목표를 세웠던 것도 아니었고 마케팅 플랜을 세우지도 않았었다. 그저 작가가 자신의 개성을 잘 반영하여 그린 그림이 인기 만점의 캐릭터가 된 것이다.

엽기토끼뿐만이 아니다. 여러 차례 사업에 실패하고 일자리도 구하지 못해 남의 집 창고에서 잠을 자다가 먹을 것을 찾아 들락거리는 생쥐 때문에 잠을 설친 사나이는 그 생쥐를 캐릭터로 그렸고 지금 그 생쥐는 '미키 마우스Mikey Mouse'라는 이름으로 많은 사랑을 받고 있다. 디즈니는 항상 "이 모든 것은 생쥐 한 마리에서 비롯되었다." 라고 말했다.

보잉사의 CFO(재무담당 최고 책임자) 겸 부사장인 마이크 시어스는 "인생은 대수롭지 않은 것에서부터 시작된다. 좋아하는 일이 있으면 그 일을 붙잡고 즐기면서 열심히 하면 된다. 나 역시 처음에는 목표를 세우지 않았다. 지금 주어진 일을 열심히 하면서 내 능력을 보여주었을 뿐이다." 라고 성공에 대해 정의한다.

> "인생은 대수롭지 않은 것에서부터 시작된다. 좋아하는 일이 있으면 그 일을 붙잡고 즐기면서 열심히 하면 된다. 나 역시 처음에는 목표를 세우지 않았다. 지금 주어진 일을 열심히 하면서 내 능력을 보여주었을 뿐이다." -마이크 시어스

세상에는 사소한 일이란 없다

빠른 변화로 인해 효율을 지향하는 세상인지라 무의식중에 삶을 양분하곤 한다. 바로 중요한 일과 사소한 일로 말이다. '아 내가 지금 뭘 하고 있는 거지. 멍하니 앉아서 말이지…' 열심히 일을 하거나 공부를 하다가도 '멍하게 보낸 시간'을 마치 죄를 지은 양 생각하기까지 한다. 이런 식의 양분적인 사고방식에서 과연 '중요한 것'은 몇 가지나 남길 수 있을까?

나도 한 때는 극단적인 양분주의자(?)였다. 그래서 내가 정한 목표에 있어 조금이라도 방해가 되는 일을 해야 할 때면 성격도 날카로워지고 쓸데없는 데 시간을 보냈다면서 자책하곤 했다. 하지만 이런 상황은 끊임없이 계속되었고 이럴 때마다 나의 반응으로 인해 나는 물론 주변인들의 마음도 불편해지는 것을 알게 되었다.

'아 뭔가 나의 생활은 잘못된 거야' 라는 깨달음의 순간이 있었다. '그래, 이 세상은 목표를 이룬 것만이, 그 결과만이 다는 아닌 거야. 그 결과까지의 과정도 중요한 것이지'라는 생각으로 모든 일을 바라보려 노력했다. 이러한 생각의 전환은 확실히 마음의 여유를 가져다주었고, 그러자 생활에서도 확실히 더 긍정적인 결과가 많았다. 세상에는 사소한 일이란 없다. 모두 제 나름대로 가치 있는 일인데 단지 그 가치가 다를 뿐이다.

심리학자인 리처드 칼슨Richard Carlson의 대표서에는 『사소한 것에 목숨 걸지 말라』가 있다. 그가 말하는 '사소한 것'은 분명 동전의 양면과 같이 내가 말하는 '사소함'의 바로 반대적인 면을 일컫는다. 예를 들어, 배려와 관심의 바로 1밀리미터 옆에는 간섭과 감시가 함께 있고, 좋아하는 감정의 이면에는 집착과 시기심이 붙어 있는데 그는 바로 이 부정적인 면을 조심하라고 경고한다. 리처드 칼슨이 이 부정적 사소함에 목숨 걸지 말라는 메시지를 강조한 나는 역으로 '긍정적 사소함에 한번 빠져보라'고 권한다.

흔히 우리들은 '로또에 당첨되면', '남자친구나 여자 친구가 생기면', '프러포즈를 받거나, 시험에 합격을 하면' 등의 엄청난 이벤트만이 우리를 감동시킬 것이라는 무의식적인 프로그래밍을 하기 쉽다. 나 또한 예외는 아니어서 뜻대로 혹은 계획대로 되지 않은 세상 일상사에 투덜거리곤 한다. 간혹 친한 친구들은 "이그, 이 투덜이 스머프야." 하면서 가벼운 핀잔을 주기도 한다. 하지만 이럴 때, '아, 이러면 안 되지.' 하면서 슬그머니 리처드 칼슨의 조언을 떠올리곤 한다. '부정적인 사소함에 목숨 걸지 말자.' '긍정적 사소함에 더 주의를 기울이자.'라고 다짐한다.

건조한 가을 바람에 투덜거리기보다 스스로 변화를 거듭한 단풍을 보며 감탄을 해보고, 다리가 절단된 비둘기를 볼 때도 '에이 징그러워'하고 생각하기보다 녀석의 강인한 생존력에 마음으로나마 박수를 보내보는 것은 어떨까. '웬 광고가 이리도 많아'라고 지하철 안 수많은 광고를 그냥 흘려버리기보다 '이 카피 한 줄을 쓰기 위해 카피라이터들은 얼마나 고민 했을까?'하는 생각에 이르기까지 아주 사소한 일에서부터 감동 받기를 연습하고, 무엇인가 배울 점을 찾아보는 것이다. '세상아, 날 감동시켜봐.'라는 냉소적인 태도보다는 '와우, 멋진 걸!'이라고 칭찬해 보자. 그러면 삶이 훨씬 즐거워진다.

감동도 습관이야

일본의 정신분석학자인 사이토시게타는 『기적의 두뇌습관』이라는 저서에서 '뇌에서 정보교환은 '정情-의意-지智'의 순으로 계속 신호를 받으며 진행해 나간다.'고 말한다. 대상에 대해 느끼는 감정이나 정서적 자극이 정보를 받아들이는데 매우 중요한 역할을 한다는 의미다. 그는 '진심으로 감탄하고 오감으로 동시에 많은 정보를 받아들이는 것이 좋다.'고 충고한다. 이 원리는 '좋아하는 일은 더 잘할 수 있다.'는 뜻으로 받아들여도 좋다. 일단 무엇에 대해 호감을 느끼면 뇌는 적극적으로 그것을 받아들일 자세를 취함으로, '온 마음'과 '온 뇌'를 다하여 내 것이 되기를 바란다면 즐거움과 유쾌한 감정도 보다 오래 갈 것이다.

감동하기를 자꾸만 의식적으로 연습해보자. 그러다 보면 분명 더욱더 수많은 사소한 일들이 단지 사소함에 머무는 것이 아니라 '당신을 감동시키는 사소함'으로 변화하는 즐거움을 느낄 수 있을 것이다. 좀 더 적극적으로 이렇게 생각해보는 것이다. '나의 사소한 행동이 누군가에게는 감동으로 남을지도 모른다.'고 말이다. 그러면 당신은 물론이고, 이 세상 사람들과 사물들에게도 소소하지만 소중한 행복감을 주는 놀라운 변화를 경험할 것이다.

뽀빠이의 메시지

"힘들어? 좌절했어?
그럼 네 안을
가만히 들여다보렴"

:: 뽀빠이

〈뽀빠이〉는 처음 1929년 탄생했고 이것은 1933년 파라마운트 픽쳐스가 극장용으로 만든 〈Popeye the Sailor〉라는 애니메이션으로 재탄생했다. 1933년에는 〈뱃사람 뽀빠이 Popeye the Sailor〉라는 제목의 만화 영화로 만들어져 텔레비전을 통해 세계 각국의 동심을 사로잡았으며, 1980년에는 로빈 윌리엄스가 뽀빠이 역을 맡고 셀리 듀발이 올리브 역을 맡아 열연한 뮤지컬 영화로도 제작되어 큰 인기를 끌었다.

"낙관주의자와 비관주의자의 차이는 단순해.
낙관주의자는 도넛을 보지만 비관주의자는 구멍을 본단다."
−맥랜버드윌슨

현재 우리들의 일상을 미래의 후손에게 설명한다고 가정할 때 분명 빼놓을 수 없는 단어가 있을 것이다. 그중에서 정도의 차이는 있을지언정 '이것'의 지배를 전혀 안 받고 살 수 있는 사람은 없기에 반드시 이 단어는 포함될 것이다. 우리의 일상에 너무나 강력한 영향력을 발휘하고 있는 것, 그것은 바로 스트레스Stress다.

스트레스에 대한 전문가들의 견해는 무척 다양하다. 만병의 근원이라는 표현이 스트레스의 대표 수식어이긴 해도 요사이 들어 적당한 '스트레스는 오히려 삶의 발전을 가져다주는 자극제가 되어준다'는 옹호론에 이르기까지, 스트레스가 갖고 있는 긍정적인 부분도 거론된다. 하지만 스트레스가 개인이 이겨낼 수 있는 한계를 넘어가면 문제를 일으키고 삶을 힘겹게 만드는 건 어김 없는 사실이다. 개인적으로는 몸에 이상을 일으키거나 무기력감과 연결되어 우울증을 일으키거나 다른 사람을 특별한 이유 없이 못살게 구는 원인이 될 수도 있다. 사회에서 비정상적인 범죄로 이어지는 근원도 바로 '부적응'에서 비롯된 개인적인 스트레스에서부터 시작되는 경우가 많다.

스트레스 전문 심리학자인 한스 셀리에Hans Selye는 '부정적인 감정에 빠졌을 때 신체는 독을 발산한다'는 원리를 밝혀냈다. 지나친 스트레스는 두뇌에 코티솔과 아드레날린을 통해 면역 체제를 약화시키는 호르몬을 전달하여 신체는 쉽게 병에 걸리게 된다는 것이다. 이러한 스트레스를 이겨내기 위한 좋은 비법은 없는 걸까? 심리학에서는 '리질리언스Resilience'라는 개념을 현대인에게 필수적인 힘이라고 말한다. 리질리언스란 스프링처럼 통통 다시 튀어 오르는 힘, 탄성이나 탄력을 말한다. 다시 말해 '각종 스트레스 상황에 눌린 자기 자신을 지탱시키고 재생시키는 능력'을 대표하는 말이다.

이러한 능력이 뛰어난 캐릭터가 있다. 그는 바로 "도와줘요! 도와줘요!"라는 어여쁜 여자 친구 올리브의 다급한 목소리만 들으면 어김없이 달려가 거뜬하게 구조해내는 씩씩한 사나이 '뽀빠이'다.

> **리질리언스**Resilience 스프링처럼 통통 다시 튀어 오르는 힘, 탄성이나 탄력을 말한다. 다시 말해 '각종 스트레스 상황에 눌린 자기 자신을 지탱시키고 재생시키는 능력'을 대표하는 말이다.

뽀빠이,
강력한 리질리언스를 지닌 사나이

몇 개 없는 머리카락과 주걱턱 얼굴을 가졌고 올리브에 대한 사랑이 각별했던 뽀빠이는 실제 생존 인물을 모델로 만들어진 캐릭터다. 제코 맥코인티라는 사나이는 원인 모를 병을 안고 태어났다. 의사는 그가 얼마 살지 못할 것이라고 했다. 그의 인생에 있어 유년 시절은 불행한 기억 뿐이었다. 그는 부모로부터 버림을 받았고 어린 시절을 고아원에서 자랐으며, 14살 때 고아원을 뛰쳐나와 선원이 되었다. 그리고 원인 모를 병에 시달리기도 했다. 마음고생이 심했던 고아원에서의 생활과 험하고 힘든 배에서의 생활로 인해 그의 얼굴은 점점 강인한 인상을 주게 된다. 얼마 살지 못하리라고 했던 의사의 예상과는 달리, 30세 청년이 되어 고향으로 돌아올 때 그는 누구보다 건장한 체구와 튼튼한 체력을 겸비한 청년이 되어 있었다. 그후 그는 작은 배를 사서 그만의 항해 인생을 시작했다. 그의 강인하면서도 카리스마 넘치는 인상에 깊은 인상을 받은 작가는 그의 인생역정을 토대로 만화 『뽀빠이』라는 작품을 썼다.

실제의 제코 맥코인티는 강한 리질리언스를 지닌 사나이였고 이는 캐릭터 뽀빠이에서 시금치로 표현된다. 시금치 통조림의 도움을 받아 힘을 내고 험한 세상을 항해해 온 뱃사람 뽀빠이로 말이다. 그렇다면 이 뽀빠이처럼 어떻게 하면 일상 생활에서 자신을 환경에 의해 발생하는

💬 스트레스는
현명하게 분출할 것

여행사에 근무하는 유보람 씨는 상사에게 꾸중을 듣고 나면 꼭 편두통이 뒤따랐다. 보다 못한 동료는 그녀에게 '분장 카페'를 가보라고 제안했다. 그녀는 마녀 분위기를 내는 화장과 가발, 의상을 입고 안 보이는 마녀가 되어 상사에게 꿀밤을 먹이는 상상을 하며 기분을 풀었다. 그녀는 스트레스 쌓이는 일만 생기면 카페를 찾아 스트레스를 푼다.

미국 뉴욕에는 남자들만 들어갈 수 있는 가게가 있다. 이 가게는 그렇다고 해서 성인전용 업소도 아니고 물건을 판매하는 곳도 아니다. 여기서 판매하는 것은 바로 '남자들이 마음 놓고 울 수 있는 공간'이라고 한다. 슬픔을 느끼는 남자들이 비용을 지불하고 들어와 혼자 맘껏 울다가 돌아가는 장소인 것이다.

심리학자인 아서 야노프Arther Janov는 '고통을 느낄 때는 소리 내어 우는 게 최고의 치유법'이라고 강조했다. 인간의 모든 감정은 한 마디로 '가스를 생성하는 것'과 같아서 만약 부정적인 감정을 밖으로 배출하지 않고 온 몸에 쌓이도록 방치할 경우 언젠가는 안에서부터 폭발할 수밖에 없다고 한다. 나 또한 그의 조언대로 스트레스로 인해 주체할 수 없는 상태가 되면 울기도 한다. 울고 나면 조금 멋쩍긴 해도 기분만큼은 그 전보다 가벼워진다.

자신이 스트레스 상태임을 알고 있으나 무시하고 이를 쌓아가다 보면 부정적인 감정에 압력이 가중되어 언젠가는 폭발하여 개인의 파멸과 타인과의 커다란 갈등의 도화선이 될 수 있다. 이렇듯 리질리언스 강화책 중 기본 단계는 바로 감정의 조절과 분출이다. 크게 심호흡을 여러 번 자주하라. 그리고 분장카페를 가서 잠깐 마녀가 되어보건, 두더지 잡기로 수 십 마리의 두더지를 때리건, 자신만의 장소에서 목 놓아 울건 간에 일단 밖으로 분출하자. 절대로 감정을 차곡차곡 마음에 쌓아 두지는 말자.

유연한 사고로 인간관계 스트레스도 날려봐

인간관계에 있어 가장 많은 상처를 받는 것은 역시 '말'에 의한 것이다. 자신의 기억에서는 이미 사라져가던 일을 새삼스레 들먹거리면서 마음에 상처를 줄 때 만큼 견뎌내기 힘든 경우도 드물다. 답답하고 억울해서 "난 그런 적 없어, 그건 나의 진심이 아니었어." 라고 말한다 해도 뭔가 손해를 보는 것 같고 억울한 감정은 쉽게 사라지지 않는다. 그리고 반론을 하고 싶어지기도 한다. 하지만 조금은 다른 관점으로 '이 사람 참 나랑 달리 작은 일에 민감하구나, 거 참 재미있는 사람이네'라고 생각하거나 '저 사람 그 때 일로 마음에 뭔가 불편함이 많이 남아 있었나 보네. 나에게 말하는 것은 아마도 그 때 남아 있었던 스스로의 스트레스를 풀고 있는 게 아닐까?'라고 생각하는 여유를 가져보는 것은 어떨까?

나도 실제로 비난을 들으면 그저 한 번에 웃어넘겨버리지 못하는 게 사실이다. 하지만 어느 순간 이런 상황에 부딪혔을 때 '내가 기분이 나빠진다는 것은 스스로 잘못한 것 없이 잘못했다고 인정해버리는 게 아닐까?'라는 생각이 들었다. 그러한 상황을 비난이라는 스트레스로 인식하는 것이 아니라 '내가 나의 감정을 선택할 수 있다'고 받아들인 이후부터는 마음 관리도 보다 수월해졌다.

사고의 틀을 바꾸면 생활이 가벼워진다

우리 주변에는 유별나게 자신이 처한 상황에 대해 불평불만이 많은 사람이 있다. '나는 다 잘 하고 있는데 상사인 P팀장이 무능해서 자신의 능력이 빛나지 않는다'거나 '나는 세금도 꼬박꼬박 내는 애국자인데 정치인들의 무능함으로 인해 나라꼴이 이 모양이 되었다'는 등 호응을 해줄 수 있는 수준을 넘어서버린 만사가 불만투성이인 사람 말이다. 대부분 이런 사람은 인기도 없을 뿐더러 스스로가 내뿜는 마이너스적인 에너지로 인해 오히려 자신이 손해를 보게 된다. 이런 사람들은 화도 잘내고 따라서 남들과의 마찰도 잦다. 하지만 이런 경우에도 나의 마음과 시각을 조금만 바꾸어보면 그로인한 스트레스를 줄일 수 있다. 화를 잘내는 것은 그저 다혈질이라는 성격으로 인한 것이고, '자신의 신념을 표출하는 방법은 서투르지만 자신에게는 꽤 솔직한 사람이군'이라고 생각해보는 것이다.

아놀드 민델Arnold Mindell의 과정지향 심리학Process-Oriented Psychology적 관점에서는 '우리가 직면하는 문제와 번뇌를 '인생의 과정흐름'이 우리에게 필요하기 때문에 갖다 주고 있는 사건이다'라고 주장한다.

다시 말해 인생에서 일어나는 각종 문제나 번뇌, 갈등 등을 단순히 해결해야할 '문제'로 보는 것이 아니라, 이 문제는 나에게 '중요한 것을 가르쳐 주려하고 있음이 틀림없다' '깨달을 필요가 있는 중요한 메시지를 내게 갖다 주고 있음이 틀림없다'고 생각하고 이 문제와 번뇌로부터 무언가를 배우려는 태도와 여기서 무언가를 깨닫고자 하는 태도를 갖추라고 조언한다.

이미 익숙해진 사고의 틀을 전환한다는 것이 어찌 말처럼 쉽겠는가?

하지만 감정의 분출이 응급처치라면 유연한 사고의 틀을 확립하는 것은 건강을 위한 예방 주사인 셈이다. 그러니 처음엔 힘들더라도 이를 구축하기 위한 지속적인 노력을 하라. 그러면 분명 더 스트레스에 강한 리질리언스를 갖게 될 것이다.

상대방에 대한 이해의 폭을 넓혀라

유명한 수필가인 찰스 램Charles Lamb에게 한 친구가 와서는 "자네에게 한 친구를 소개하고 싶네." 라고 말했다. 그러자 그는 "고맙지만 사양하겠네. 난 그 사람을 좋아하지 않는다네." 라고 대답했다. "하지만 자넨 아직 그 사람에 대해 알지도 못하지 않은가?" 하고 묻자 그는 "모르는 사람인 줄 알고 있네. 그래서 싫다는 말일세."라고 답했단다.

이처럼 우리는 상대방에 대해 알려는 노력 자체를 무척 어렵고 귀찮게 생각한다. 인간관계에서 문제가 발생하는 데는 여러 가지 이유가 있다. 그리고 이 중에서 가장 답답한 때는 바로 무엇이 원인인지 잘 모를 때다. 일반적으로 사람들은 '왜 저 사람이랑 사이가 좋지 않을까?'하고 고민하지만 그 결정적인 이유는 잘 깨닫지 못하거나 자신이 생각한 원인은 완전히 빗나가는 경우도 있다. 모든 경우에서 이러한 논리가 다 통용되는 것은 아니지만 일반적으로 사람을 사귈 때 먼저 자신이 상대방을 좋아하면 상대방도 자신을 좋아하게 된다. 많은 경우 두 사람 사이에서 자신이 스트레스를 느끼는 것은 자기 자신이 상대방을 좋아하지 않기 때문이다. 상대방에게 호감을 갖고 있으면 그 감정은 자연스럽게 드러나기 마련이다. 이러한 마음이 상대방에게 전해지면 상대방도 자신을 좋아하는 사람에게 마음을 열기 시작할 것이고 이러한 자연스러운 감정의 교류를 통해 서로의 친밀도도 높아지는 것이다. 물론 이런 감정을 억지로 만들 수는 없다.

무엇이라고 딱 꼬집어 들을 만한 이유도 없고 특별하게 말다툼을 하지도 않았는데 누군가와의 관계가 껄끄럽게 느껴질 때가 있다. 하지만 그 사람과 가까이 지내고 싶은 마음이 든다면 상대방에 대해 좀 더 알려는 노력이 필요하다. 상대방을 잘 모르기 때문에 상대방이 좋아지지 않거나 그에 대한 이해의 폭이 좁아지는 것은 당연한 일이다. 이럴 때는 가벼운 마음으로 상대방의 관심사부터 알아가는 것이 좋다. 그 사람의 최대 관심사는 무엇인지, 취미는 무엇인지 어떤 습관을 가지고 있는지 등 쉽게 파악할 수 있는 점부터 알아가는 것이다.

스트레스는
리질리언스로 다스려라

감정을 표현하는 우리말은 몇 개 쯤 될까. 흔히 쓰는 말만 430여개쯤 되고 그 중에서 불쾌한 감정을 표현하는 낱말이 훨씬 많다고 한다. 서울대 심리학과 민경환 교수팀의 연구에 따르면 사랑, 행복, 기쁨처럼 '쾌감 快感'을 표현하는 말은 전체의 30퍼센트도 안되고 참담, 배신 등 '불쾌'를 나타내는 단어가 70퍼센트가 넘는다고 한다.

좋은 감정 중 최고는 '홀가분하다'였고 '참담하다'가 나쁜 감정이 가장 강한 단어였다. '홀가분하다'라는 말만으로도 가슴이 탁 트이는 것 같지 않은가. 이러한 감정은 우리의 리질리언스가 제대로 발휘되어 훌륭하게 극복하였을 때 느껴지는 감정이기도 하다.

아무리 깨끗이 청소를 한다고 해도 완벽하게 먼지를 없앨 수 없듯, 이제 우리는 스트레스를 없애려고 무리하게 노력하지 말고 스트레스를 삶의 일부로 받아들이고, 우리 안의 리질리언스를 키워 스트레스를 현명하게 다루어야 한다.

> **뽀빠이의 메시지**
>
> 스트레스,
> 피할 수 없다면 즐겨라!
> 그리고 뽀빠이의
> 시금치 통조림과 같은
> 리질리언스 강화를 위한
> 자신만의 대처방법을 준비하자.

"그 사람이 경쟁자? 정신 차려, 진짜 경쟁자는 따로 있어!"

:: **톰과 제리** Tom&Jerry

〈톰과 제리〉는 메트로-골드윈-메이얼MGM이 만든 애니메이션으로, 살아서 움직이는 듯한 말썽쟁이 고양이 톰과 영리한 쥐 제리를 주인공으로 전개되었다. 특히 한나와 바버라가 만든 〈톰과 제리〉 시리즈는 아카데미상을 수상하기도 했다.

"타인의 결점은 우리의 눈앞에 있고 우리 자신의 결점은 우리의 등 뒤에 있는 법이다."

-미상

오늘도 고양이 톰은 '어떻게 하면 저 놈의 생쥐를 확 잡아먹어버릴까?'하는 궁리로 바쁘다. 이 덕분에 생쥐 제리는 '고양이의 괴롭힘을 잘 피하는 방법은 없을까?'로 더 바쁘다. 〈톰과 제리〉는 캐릭터 중 최고의 앙숙 커플이다. 톰은 매번 제리를 잡기위한 기상천외한 시도를 한다. 당연히 제리에게 있어 톰은 원수 같은 존재다. 제리는 '저 놈만 없으면 내 한 평생이 얼마나 편할까?' 이런 생각을 달고 산다. 하지만 과연 톰이 없으면 제리의 생활은 편하고 즐겁기만 할까? 제리가 톰으로 인해 얻게 되는 장점을 한번 생각해보자. 에너지가 넘치는 톰의 추격으로 인해 우선 제리는 튼튼한 다리와 민첩함을 키워간다. 그리고 '항상 어떻게 하면 잘 피하고 도망칠 수 있을까?'라는 궁리로 인해 좌· 우뇌의 균형적인 활용도를 높일 것이다. 톰이 언제 공격해 올지 모른다는 긴장감은 그의 삶을 팽팽한 활력으로 유지시켜준다. 그리고 가끔 지혜를 발휘하여 톰을 골탕 먹였을 때의 승리감은 또 얼마나 달콤할 것인가. 제리를 불쌍하다는 생각으로만 바라보았다면 이젠 그 동정의 시선은 거두어도 좋지 않을까?

경쟁, 피할 수 없다면 즐겨라

항상 스트레스 요인 중 빠지지 않는 것이 있다. 바로 이름하여 경쟁자다. 학생이라면 성적이 비슷한 고만고만한 클래스메이트일 수도 있고, 직장인이라면 똑같이 입사한 동기가 알게 모르게 의식하게 되는 경쟁자일지도 모른다. 특히 사촌이 땅을 사면 배 아픈 우리의 속좁은 마음은 자신이 친하다고 생각한 사람들이 잘 되는 것을 보면 사심 없이 축하해주기보다 은근히 화가 나고 괜히 샘을 낸다. 하지만 제리가 톰 때문에 생긴 이득처럼 때로 백 명의 친구보다 한 명의 경쟁자가 더 큰 자극이 되어 결국 긍정적인 결과를 이끌어 주는 경우도 많다.

예를 들어 우리가 좋은 물건을 좀 더 저렴한 가격으로 살 수 있는 것은 기업이 서로 더 많은 물건을 팔기 위해 서로 경쟁해 왔기 때문이다. 학창 시절 '왠지 모르게 한번쯤 이겨보고 싶었던 그 아이 때문에 바닥

이던 성적이 폭발적인 향상이란 결과를 이끌기도 했다. 어수룩해 보이지만 이 대리의 엄청난 실적에 약이 올라 술 마실 시간도 줄여가며 영업 활동 끝에 월 매출 초과 달성을 이루기도 한다. 하지만 이런 모든 이점利點에도 불구하고 경쟁자는 분명 '반가운 존재'는 아니다. 대부분의 사람들이 '그가 혹은 그녀가 경쟁자는 무슨…'이라고 스스로 경쟁자를 회피하고자 하는 것은 바로 내가 감수해야 할 불편함 때문이다. 그를 이기기 위해 잠을 줄여야 하고, 그녀보다 더 날씬해 보이기 위해 달콤한 케이크한 조각도 선뜻 못 먹는 그 인내의 시간이 견디기 힘들기 때문이다.

경쟁심은 인간의 일생을 두고 피할 수 없는 감정이다. 피할 수 없다면 즐겨보면 어떨까. 이는 자신을 성장시킬 수 있는 원동력이 된다. 그러니 좀 더 효율적으로 이용할 수 있는 방법을 모색해 보는 것이 보다 긍정적인 결과로 이끈다. 라이벌과의 경쟁은 결코 서로를 갉아먹는 제로섬 게임이 아니다. 오히려 서로를 견제하고 파악하면서 새로운 힘을 얻거나 실패를 겪고도 다시 일어날 수 있는 중요한 밑거름이 된다.

톰과 제리처럼 많은 사람들은 경쟁자와의 경쟁으로 인해 벌어지는 보이거나 보이지 않는 다툼에 대해 드러내고 이야기하기를 꺼린다. 그러나 다양한 상황과 장소에서의 경쟁에 대해 더 솔직하게 이야기하고 그에 적절한 결론을 끌어낼 수 있을 때 나의 발전도 가능하다. 건강한 경쟁심은 남에게 자기 자신을 제대로 보여주고 자신의 능력을 발휘하는 기폭제임엔 분명하다.

지나친 적대감은
자기파괴를 부른다

한 에이전트가 아주 유명한 가수와 출연 교섭을 하게 되었다.

"뉴욕에서 열리는 콘서트에 당신을 초대하고 싶습니다. 엘비스 프레슬리와 다른 유명한 가수들과 함께 한 무대에 설 수 있습니다."

이 말을 들은 그 가수는 다음과 같이 외쳤다. "그럼 한 가지 조건만 들어주시오. 그럼 응하겠소."

"그게 뭡니까?" 하고 물었다.

"나는 늘 엘비스와 경쟁관계에 있었소. 하지만 한 번도 그를 이겨본 적이 없어서 이번에는 한번 그를 눌렀으면 해요. 나는 엘비스가 받는 금액보다 무조건 1달러만 더 받고 싶소. 요청을 거절하면 콘서트에 나가지 않을테요."

그러자 에이전트의 직원이 말했다.

"그건 문제 없습니다."

콘서트가 끝나고 한 달 후 그 유명한 가수는 자기의 계좌를 확인해 보았다. 그런데 입금된 금액은 딱 1달러였다. 엘비스 프레슬리는 자선 모금을 위해 그 콘서트에 참여했었고 그래서 한 푼도 받지 않았던 것이다.

이 가수는 스스로의 적대적인 경쟁심으로 인해 쓰린 경험을 한 셈이다. 톰과 제리가 서로 친하게 지내려는 노력은 하지 않고 결국엔 서로에게 상처를 주는 것처럼 말이다.

어수룩해 보이지만 결코 그렇지 않은 고양이 톰과 때로는 안쓰럽다가도 얄미운 제리를 보고 있노라면 나또한 '알게 모르게 경쟁자라는 대상에 의해 스스로에게 상처를 주고 바보 같은 승리감을 위해 애쓰고 있는 것은 아닐까'라는 생각을 하게 된다.

완벽한 인생을 사는 사람은 없다. 그런데 이상하게 남의 인생이 근사해 보이고 뭔가 더 즐거워 보인다. 하지만 경쟁자의 속사정은 다를 수 있다. 건강하지만 하는 일이 잘 안 풀리고 있거나, 건강하고 업무 능력도 뛰어나지만 마음을 터놓을 친구 한 명 없이 외로운 상황일지도 모른다. 그런데도 우리는 경쟁자도 나처럼 고민 많은 인간이라는 사실을 종종 잊는다. 그리고는 자신에겐 없는 그것-그것이 돈이건 명예이건 학벌이건-에만 초점을 맞추고 상대방을 깎아내리고 쓸데없는 적대감으로 자신을 소모하고 있는 건 아닐까?

적은 그가 아니라 내 안의 자만심

수탉 한 마리가 커다란 말이 있는 마구간에서 땅을 헤치며 돌아다니고 있었다. 그러자 말이 점점 불안해하면서 따라서 돌아다니기 시작하자, 수탉이 그를 올려다보면서 이렇게 말했단다.

"우리 둘 다 조심하는 게 좋겠어. 그렇지 않으면 서로 발가락을 밟기 쉬울 테니까."

이 수탉의 자만심은 그나마 귀엽게 여겨진다. 하지만 우리도 때때로 자신에 대한 자만심의 덫에 걸려 넘어지는 바보 같은 경우를 당하곤 한다. 이는 나에 대한 통찰이 부족할 때 일어나기 쉽다. 객관적인 능력은 어느 정도이고 한계는 무엇인지에 대한 파악 없이 살 때 우리 안의 자만심은 점점 커져버려 중심을 잃어버릴 수도 있다. 톰도 제리도 '저 녀석 제 코가 석자인데 어디 감히 나를 공격하겠어?'라고 자만심이 담긴 회심의 미소를 짓는 순간 그전보다 몇 배로 공격을 당하곤 하지 않는가?

> "인간은 거의 비슷하다. 내가 하고 싶은 선에서 멈추면 남들도 그 선에서 멈춘다. 남들보다 약간의 괴로움이 추가되었을 때라야 비로소 노력이란 것을 했다고 할 수 있다." -변호사 고승덕

세 가지 고시에 합격한 고승덕 변호사는 자신의 자만심을 뛰어넘는 방법에 대해 다음과 같이 말한다.

"인간은 거의 비슷하다. 내가 하고 싶은 선에서 멈추면 남들도 그 선에서 멈춘다. 남들보다 약간의 괴로움이 추가되었을 때라야 비로소 노력이란 것을 했다고 할 수 있다."

이처럼 나의 진정한 경쟁자는 그나 그녀가 아니라 내 안에 있는 '이 정도면 됐어'라고 멈춰버리고 마는 자만심이 아닐까?

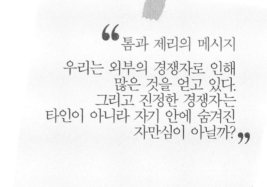

66 톰과 제리의 메시지

우리는 외부의 경쟁자로 인해
많은 것을 얻고 있다.
그리고 진정한 경쟁자는
타인이 아니라 자기 안에 숨겨진
자만심이 아닐까? 99

 백설공주 계모의 메시지

"거울은 겉모습만 보라고 있는 게 아니야"

"자기에 대한 존경, 자기에 대한 지식, 자기에 대한 억제,
이 세 가지만이 생활에 절대적인 힘을 가져다준다."
-앨프레드 테니슨

"거울아, 거울아, 이 세상에서 누가 제일 예쁘니?"

백설 공주의 못된 계모는 항상 거울에게 이렇게 묻는다.

"그야 왕비님이죠!"

다음 날도 그녀는 "거울아, 거울아, 세상에서 누가 제일 예쁘니?" 하고 또다시 거울에게 묻는다.

"그야 당연히 왕비님이죠!…"

이렇게 동화 속 왕비는 거울을 들고 매일 자신을 비춰본다. 그리고는 거울의 말과 비추어진 자신의 미모에 항상 만족해한다. 하지만 어느날 "세상에서 누가 제일 예쁘니?" 라는 말에 "사실은 백설공주가 제일 예쁘답니다!" 라고 거울은 결국 양심선언을 하고 만다. 이 말에 왕비는 질투심과 분노를 이겨내지 못해 거울을 깨뜨린다. 새 왕비의 악행에도 불구

하고 가엾고 착한 백설공주가 일곱 난쟁이와 잘 살다가 독이든 사과에 죽을 고비를 넘기며 이웃나라 왕자님을 만나 극적으로 결혼식을 올리고 행복하게 산다는 것이 동화『백설공주』의 대략적인 내용이다.

이 이야기에서 계모가 '거울에 자신을 비추어보던 습관'에 한번 주목해보자. '자신의 모습'을 비춰볼 수 있는 대표적 물건인 거울을 통해 계모는 행복해했고 자존감을 높여 나갔다.

훌륭한 자기 통제의 도구, 거울

거울은 단지 자신의 얼굴에 무엇인가 묻었는지를 확인하거나 화장이 잘 되었는지, 옷차림은 괜찮은지 등을 알아보는 기본적인 기능은 물론이고 이외에도 다양한 역할을 한다. 그 중 한 가지는 '자기 통제 기능'을 가능하게 해준다.

셰이어Scheier는 사람들이 거울에 비춰진 자신을 봄으로써 보다 긍정적인 방향으로 행동을 변화시킨다는 사실을 실험을 통해 입증했다. 실험 대상자인 남학생에게는 교사 역할을, 여학생에게는 학생 역할을 시켰다. 단 여학생들에게는 사전에 실험의 취지에 대해 설명하고 실험 협력자로 참가하도록 했으며, 남학생들에게 이 사실을 알리지는 않았다. 각각 짝을 이루어서 남학생이 문제를 내면 여학생이 답변하며 그 정답 여부를 남학생이 판단하도록 했다. 여학생의 답변이 정답일 경우에는 라이트를 점멸시키고 답이 틀렸을 때는 벌칙으로 가벼운 전기 쇼크가 가해졌다. 남학생이 강도를 조정할 수 있었다.

실험에서는 두 가지 환경의 실험실이 마련되어 있었는데, 하나는 '거울이 없는 방'이었고 또 다른 하나의 방에는 정면에 실험 대상자가 비춰질만한 '커다란 거울이 비치된 방'이었다.

실험 결과, 거울이 없는 실험실은 거울이 설치된 실험실에 비해 두 배에 해당하는 강한 전류가 흘렀다고 한다. 결국 거울이 없는 실험실보다 거울이 있던 실험실에서 남학생이 보낸 전기 쇼크가 더 약했다는 것이다. 거울에 비춰진 자신의 모습으로 인해 평소와는 달리 잘못된 행동에 스스로 제동을 걸게 된 것이다. 셰이어Scheier는 이러한 현상을 '자아의식의 고취에 의한 행동'이라고 말한다. 이처럼 거울은 스스로를 제어하고 통제하는 기능을 갖고 있다.

거울로 자신을 제대로 비춰보라

많은 유명인들은 무명시절 거울을 보면서 "너는 언젠간 잘 풀릴 거야." 라고 말해주면서 '자신감을 잃지 않으려고 노력했다.'는 사실을 고백한다. 그리고 여기서 한 발짝 더 나아가 거울을 보면서 원하는 자신의 모습을 위해 연습했던 경우도 많다.

노벨문학상을 수상한 극작가인 버나드쇼George Bernard Shaw 역시 무명시절 자신의 소심한 성격으로 인해 사람들 앞에 서는 것을 두려워했다. 그는 자신의 이런 성격을 개선하고 싶었다. 그래서 '연구하는 사람들의 모임'이라는 한 토론회에 가입하게 된다. 그는 모임에 가기 전 언제나 거울을 보면서 말하는 연습을 되풀이하곤 했다. 그리고 매주 그 모임에 참석하는 훈련 과정을 거쳐 결국엔 명연설가가 되었다. 이미지 트레이너들은 거울을 통해 자신의 모습과 표정을 자주 비춰 볼 것을 권한다. 거울은 자신을 평가할 수 있는 가장 객관적인 도구이자 훌륭한 선생님이 되어주기 때문이다.

사진과 거울의 차이점에 대해 생각해 본 적이 있는가? 사진은 셔터를 누르는 순간 이미 과거가 되어 버린 것에 대한 기록이다. 하지만 거울은 자신의 현재 시점을 보여준다. 언뜻 보기엔 그다지 중요한 사실 같아 보이지 않을 수도 있지만 이미 지나간 과거 속의 자신과 현재의 자신은 엄연히 다르다는 것을 생각해보자. 현재 내가 기쁜지 즐거운지 행복한지, 슬픈지는 거울을 통해 살펴볼 수 있으므로 거울 속 자신을 바라보면서 자신에 대한 실시간 자기반성이 가능하다. 하루에도 몇 번씩 거울을 보자. 그냥 얼굴에 무엇인가 묻었는지의 확인을 위해서가 아니라 거울 속 자신에게 "너 지금 잘 살고 있니? 행복하니?" 하고 물어보자.

웃기를 연습시키는 최고의 도구, 거울

'나 혼자 있으면 어쩐지 쓸쓸해지지만, 이럴 땐 얘기를 나누자 거울 속의 나하고. 웃어라 캔디야…' 라는 〈들장미 소녀 캔디〉의 주제가를 기억하는가. 백설공주의 계모가 자신감 향상과 자기만족의 도구로 거울을 활용했다면 캔디는 자신의 감정을 다스리고 마음을 추스르는 용도로 사용했다. 얼굴을 찌푸려보라. 그럼 거울 속의 자신도 찌푸린 얼굴을 내민다. 그리고 그만큼 세상도 온통 우울하게 느껴진다.

얼굴의 표정은 감정을 조절한다. 이를 안면 피드백 이론Facial Feedback Theory라고 하는데 표정에 따라 자신의 감정 상태도 달라진다는 이치다. 표정을 제일 잘 보여주는 것 역시 거울이다. 슬프다면 거울을 보고 표정부터 밝게 지어보자. 활짝 웃어보라. 그러면 마음도 활짝 열린다.

나는 예전에는 거울 보는 것을 좋아하지 않았다. 괜히 거울을 자주 보면 공주병처럼 보일지도 모른다고 생각했고 자주 보면 좋은 이유를 몰랐기 때문이다. 그만큼 나의 표정이나 인상은 어떤지, 나의 매력은 무엇이고 개선할 수 있는 부분은 어디인지도 잘 몰랐다. 하지만 어느 순간, 캔디와 백설 공주를 떠올리면서 거울보기의 횟수를 의도적으로 늘렸다. 요즘은 거울 앞에서 웃어보기도 하고 눈을 좀 더 크게 떠보기도 한다. 그리고 겉으로 드러나는 나뿐만 아니라 '내 마음'도 비춰본다. 슬프면 좀 더 웃어보려 하고 기쁘면 더 크게 웃는다. 그리고 이런 습관 덕분에 "표정이 많이 밝아졌네요."라는 말도 듣게 되었다.

안면 피드백 이론 Facial Feedback Theory 얼굴의 표정은 감정을 조절하는 것을 말하며 표정에 따라 자신의 감정 상태도 달라진다는 이치다.

인간관계는 또 하나의 거울이다

우리는 물건인 거울 뿐만 아니라 우리의 모습을 비춰볼 수 있는 또 하나의 거울을 갖고 있다. 바로 우리가 매일 만나고 부딪히는 사람들의 모습이다. 내가 매일 대하고 있는 가족과 친구 동료들 이웃들이 나에게 친절하고 따뜻하게 대하는가? 그들이 즐겁게 보이는가? 그렇다면 당신의 모습도 그들처럼 즐겁고 유쾌한 상태일 확률이 높다. 하지만 나에게 대하는 사람들의 태도가 웃음은 없고 차갑고 냉정하게만 느껴진다면 분명 나도 그들에게 똑같이 대하고 있을지 모른다.

그 누구도 당신을 대신해서 행복하고 유쾌하게 만들어 줄 수 없다. 내가 먼저 웃을 것이고 도움을 주고, 상대방의 얘기를 들어주는 역할을 먼저 실천해보자. 그럼 상대방이라는 거울도 나를 따라 분명 웃고 유쾌해질 것이다.

백설공주의 계모가 가지고 있었던 동화 속 거울과는 달리 우리는 다행히도 "다른 이가 너보다 더 괜찮아." 라고 말하는 거울이 아닌 '내 말을 100퍼센트 믿는 착한 거울'을 갖고 있다. 그러니 "거울아, 거울아, 나에게 자신감을 주렴!" 이라고 중얼중얼 말해보라. 이 착한 거울은 비춰진 '거울 속의 내가 제일 사랑스럽고 기특한 존재'라고 믿게 해 줄 것이다.

66 백설공주 계모의 메시지
거울은 잘못된 자기인식을 바꾸고 자신의 성장을 도모 할 수 있는 중요한 도구다. 백설 공주의 계모와 같이 자신을 비춰보면서 행복을 키워가자. 99

© Disney

 미운 오리새끼의 메시지

"걔가 널 미워하는
진짜 이유는
따로 있어"

:: 미운 오리새끼

안데르센Hans Christian Andersen의 『미운 오리새끼』는 그의 자전적 작품으로 알려져 있다. 자신의 작품이 세상에서 환영받지 못한다 하더라도 조용히 참고 견디면 영광의 날이 온다는 작가의 의도가 담겨 있다.

"위대해진다는 것은 오해를 받는다는 뜻이다."

-에머슨

유난히 크고 보기 싫게 태어난 오리새끼 한 마리가 있었다. 이 오리는 다른 오리들에게도 구박을 받고 결국 자신이 살던 농가를 뛰쳐나오게 된다. 그리고 숲 속을 헤맨다. 하지만 작은 새들조차 상대해 주지 않는다. 오리는 한 농가의 어떤 할머니네 집에 들어가 살게 되지만 그 집의 고양이와 닭이 못살게 구는 바람에 거리를 방황하게 된다. 얼음으로 뒤덮인 고생스러운 겨울도 지나고 봄이 찾아오자 자신도 모르는 사이에 공중을 날 수 있게 된다. 사실 그 미운 오리는 훌륭한 백조의 새끼였던 것이다. 미운 오리새끼를 발견한 백조들이 날개를 퍼덕이며 급히 다가왔다…. 맑은 물 위에 비친 모습은 못생기고 볼품없는 진회색의 오리가 아니라 우아하고 아름다운 한 마리의 백조가 아닌가? 백조들이 그를 에워싸고 목을 어루만지며 환영한다.

211

사실 앞의 이야기는 작가인 안데르센이 '자신의 작품이 세상에서 환영을 받지 못한다 하더라도 조용히 참고 견디어야 한다'는 생각으로 자신을 미운 오리새끼에 빗대어 표현한 것이다. 일반적으로 이 동화의 교훈은 '어려움을 참고 견디면 반드시 좋은 날이 올 것이다'라고 알려져 있다. 그렇다면 이 미운 오리새끼는 왜 그렇게 다른 동물들에게 미움을 받았던 걸까?

미운 오리새끼가 미움 받은 진짜 이유

단지 다른 동물들이 오리가 못생겨서 왕따를 시켰을까? 그들이 인간과 같은 생각을 한다면 분명 다른 동물들은 이 미운오리가 백조라는 사실을 알 수는 없었더라도 분명 자신들과는 다른 '무한한 가능성을 가진 자신보다 유능한 존재'라는 것을 직감적으로 알았을 것이다. 그리고 그 차이에 질투심을 느낀 것이라고 생각한다.

인간의 마음에 잠재되어 있는 타인에 대한 질투심은 쉽게 표면 위로 드러나지 않는다. 질투심이라는 것이 사회적으로 용인되는 감정이 아니기 때문이다. 그래서 미운 오리새끼에게 '못생겼다'고 놀린 이면에 담긴 이유는 못생겨서가 아니라 "너의 능력에 질투가 나, 넌 왜 평범한 나랑 다른 거야'라고 말하는 것과 같다. 누군가를 미워하거나 질투하는 것은 진짜 그 사람이 밉기 때문이기 보다는 외모나 학벌 능력 등 나보다 나은 면에 대해 부러운 감정을 가지고 있기 때문인 경우가 많다.

평범한 직장인인 오착실 씨는 3년 전만 해도 '참 착한 남자'였다. 중학생, 초등생 두 남매의 자상한 아빠였고, 동갑내기 아내에게는 둘도 없는 반려자였다. 그랬던 그가 폭력을 휘두르기 시작한 건 '여왕의 돈' 때문이었다. 아이들 사교육비를 벌겠다며 보험회사 영업사원으로 들어간 아내는 3년 만에 1억 원대 연봉자, 일명 '여왕'의 반열에 올라섰다.

처음에는 아내가 고맙고 기특했지만 시간이 지날수록 기분이 좋은 것만은 아니었다. 아내의 당당해진 목소리, 날로 세련되어가는 옷차림, 잦은 회식… 결국에는 자정이 다 돼 들어온 아내에게 처음 손찌검을 한 뒤 술만 마시면 폭력을 휘두르는 남자가 되고 말았다. 착실 씨가 아내에 대해 태도를 돌변한 이유는 무엇일까?

질투심은 앞서 말했듯 사회적으로 노골적으로는 드러내기 힘든 감정인지라 때때로 그 강도를 더해 '비난'이나 오착실 씨의 경우처럼 폭력으로 둔갑해서 표현되기도 한다.

연예인의 안티 팬이나 드라마를 보면서 예쁘고 똑똑한 연예인이 나오면 "저기 코 고친거야"라면서 굳이 흥을 보는 것도, 또 정치인이라면 개개인의 업적이나 성품에 대해서는 알려고 하지 않고 정치인이라는 사실만으로 무조건 비난하는 이들의 심리 이면에는 '나는 저렇게 인기 있고 높은 지위에 있는 사람들이 부러워. 샘이나'라는 표현은 아닐까. 그러니 혹 자신이 구체적인 잘못 없이 사람들로 하여금 뒷담화의 대상이 되었다고 해도 이제부터는 '아 내 능력을, 혹은 내 외모를 질투하는구나'라고 가볍게 넘기는 여유를 가져보자.

논리요법을 창시한 앨버트 엘리스Albert Ellis는 "행복과 불행을 결정짓는 것은 결과 그 자체가 아니라 그 결과를 받아들이는 자세에 달려있다."고 말했다. 그러므로 질투심이라는 감정을 부정적으로 그냥 흘려버리는 것이 아니라 긍정적인 힘으로 승화시키는 좋은 기회라고 생각해보면 어떨까.

질투의 이면, 긍정적 파워

프로이드Freud는 '한 번도 질투를 느껴본 적이 없다고 말하는 이들이야말로 스스로를 속이고 있다'고 말했다. 질투심을 느끼는 대상이 있다는 것, 그런 감정을 갖는 것은 마음이 건강하다는 증거다. 우리가 부러움을 넘어 쉽게 질투심을 느끼는 대상의 대부분은 사실 무척 가까운 친구이거나 자신과 비슷한 환경의 동료나 친척이다. '아, 나도 열심히 노력했는데 저 사람이 먼저 승진을 하였군' '나도 재테크 공부한다고 강

연회다 책이다 부지런히 노력했는데 왜 친척이 산 땅 값만 오르는 거야'
등, 질투심이란 우리 스스로도 그렇게 될 수 있는데 나보다 빨리 그 대
상이 원하는 결과에 도달했기 때문에 생겨난다. '아니 내가 바라는 데
저 사람이 먼저, 에잇, 속상해'라는 나의 열망에 대한 표현이자, 나는 '어
쩌면 그와 같이 원하는 것이나 상태를 얻지 못할 수도 있다'는 두려움의
표현이기도하다.

부글부글 끓어오르는 질투심을 현명하게 다스리는 방법은 무엇일까?
이때에도 가장 먼저 필요한 것은 다름 아닌 '자신에 대한 인정'이다. 나
라는 존재는 내가 사랑해야하는 대상인 만큼 질투심을 느끼는 나에 대
한 자책감을 가져서는 안 된다. 질투심은 '인간이기 때문에 가질 수 있
는 기본적인 감정'이란 것부터 인정하자.

이렇게 말하는 나도 몇몇 분야에 한정되긴 하지만 나도 남을 부러워
하는 마음이 들때가 종종 있다. 그래서 더더욱 이 말에 위안을 얻는다.
나보다 더 나은 무엇인가가 그 사람에게 있었음을 순수하게 받아들이
고 이를 계기로 언젠가는 나도 그러한 목표에 도달할 수 있다는 사실을
믿고 노력하려 애쓰곤 한다.

논리요법을 창시한 앨버트 엘리스Albert Ellis는 "행복과 불행을 결정짓는
것은 결과 그 자체가 아니라 그 결과를 받아들이는 자세에 달려있다."고
말했다. 그러므로 이 질투심이라는 감정을 부정적으로 그냥 흘려버리는
것이 아니라 긍정적인 힘으로 승화시키는 좋은 기회라고 생각해보면 어

떨까.

미운 오리새끼가 만약 다른 친구들에게 밉다고 놀림을 받지 않고 그냥 '난 이렇게 생긴 오리일뿐이야'라고 자신을 비하하는 마음으로 체념하면서 살아갔다면 자신이 백조라는 생각은 꿈에도 할 수 없었을 것이다. 그리고 그저 집오리로 일생을 마감하였을지도 모른다. 미운 오리새끼는 분명 수많은 동물들의 질투심으로 유년 시절은 힘들었겠지만 그 고통의 시간을 견뎌냈고, 결국엔 백조가 되었다. 어떤가? 평범한 집오리보다 백조가 된 비범한 미운오리의 삶이 더 매력적이지 않은가?

66미운 오리새끼의 메시지

미운 오리새끼가 미움을 받은
이유는 다른 동물들의
질투심 때문이 아니었을까?
누군가에게 미움을
받더라도 '날 부러워하는구나'라고
가볍게 넘기는 여유를 갖고,
누군가의 성공에 질투심을 느끼면
이를 성장의 신호로 받아들이자.**99**

 아바타의 메시지

"네 안엔 말이지,
너의 이상형 아바타가
이미 존재한단다"

:: 아바타

산스크리트어인 아바따라avataara에서 유래한 말로 분신分身·화신化身을 뜻한다. 사이버 공간에서 사용자의 역할을 대신하는 캐릭터로 아바타는 현실세계와 가상공간을 이어 주며, 익명과 실명의 중간 정도에 존재한다. 과거 네티즌들은 사이버 공간의 익명성에 매료되었지만 이제는 자신을 표현하려는 욕구를 느끼게 되어 이 두 가지를 모두 충족시 켜주는 아바타도 생겼다.

" 자기 자신을 어떻게 생각하는지가
다른 사람이 당신에 대해 어떻게 생각하는지보다 훨씬 더 중요하다."
-헨리 데이비드 소로우

예전에 인기있었던 개그 중에서 '내 안엔 내가 너무도 많아' 라는 콘셉트가 있었다. 이처럼, 우리는 자신의 진짜 모습이 무엇인지 잘 모를 때가 있다. 자신도 낯설게 느껴지는 몇몇의 또 다른 내가 내 안에 존재하는 것 같은 느낌이 들 때가 있다. 그래서 이럴 때 점을 보기도 한다. 12개의 별자리, 십이 간지, 그리고 토정비결, 역학의 해석들은 일반적인 특성을 기술하고 있는 것인데도, 점술가들이 하는 얘기는 다 맞는 것처럼 느껴지기도 한다. 많은 사람들은 점괘가 마치 자신을 잘 나타내는 것처럼 받아들이고, 그런 점괘가 정확하다고 착각한다. 이렇듯 어떤 일반적인 점괘가 마치 자신을 묘사하는 것이라고 받아들이는 현상을 바넘효과Barnum Effect라고 한다. 자신을 정형화하기 위해 혈액형으로 분류한 성격 유형이나, 천칭자리·염소자리 하면서 별자리 성향에 때로는 자신의 상황을 역으로 맞추어 보는 바넘효과의 영향을 받는 것은 우리가 자기 자신에 대해 완전히 알지 못하기 때문이다.

약간 다른 이야기지만, 나는 약간의 공주병 혹은 왕자병 성향을 갖고 있는 이들에게 때때로 부러운 감정을 느낀다. 이들의 지나친 자기사랑이 이기적으로 비춰지거나 나에게 불쾌한 감정을 유발시키면 얄밉게 느껴지기도 하지만 어찌되었건 자신을 사랑하는 모습 만큼은 본받을만하다고 생각한다.

앞서 이야기했듯 생각보다 많은 이들이 자신을 좋아하기보다 자신을 미워하거나 싫어하는 경향이 강하다고 한다. 아마도 그런 이유에는 현재의 자신보다 더 나은 자신이 되길 바라는 갈망, 즉 이상향과 현실의 차이도 많은 부분을 차지 할 것이다. '남을 사랑하기 이전에 자신을 사랑하라'라는 말도 있고, 나를 알고 남을 알아야 성공한다는 지피지기 백전백승知彼知己 百戰百勝이라는 말만 보더라도 '나를 제대로 아는 것'의 중요성을 알 수 있다.

> **바넘효과**Barnum Effect 어떤 일반적인 점괘가 마치 자신을 묘사하는 것이라고 받아들이는 현상을 말한다.

내면에 존재하고 있는 아바타를 만나라

　'자신만의 아바타Avatar 만들기' 광풍이 분 적이 있다. 아바타란 원래 고대 인도에서는 '땅으로 내려온 신의 화신'을 지칭하는 말이었으나 현재는 인터넷 상의 가상현실 게임, 채팅 등에서 '자기 자신을 나타내는 그래픽 아이콘'을 의미하는 용어로 자리 잡았다. 아바타를 주제로 한 영화에, 아바타끼리의 결혼이라는 새로운 유행도 생겼다.

　물론 이 아바타는 내면이 아니라 시각적인 이미지로 우리를 내보이는 기능을 한다. 그래서 자신을 꼭 닮은 아바타를 좋아하기도 하지만 때로는 자신이 갖지 못한 면을 가진, 예를 들어 '화려한 공주 이미지'나 '얼짱 몸짱의 팔등신' 혹은 '눈이 크고 쌍꺼풀이 진 이상적 모습의 아바타'를 선호하기도 한다. 이처럼 우리가 갖지 못한 것에 대한 대리만족 욕구는 외모뿐만 아니라 내면적인 면도 분명 존재한다. 많은 이들에게 인기 있는 나의 모습, 혹은 다재다능한 엔터테이너를 한두 번쯤 꿈꾸다가도 '에이, 나는 될 수 없어.'라고 슬그머니 자신을 합리화시키는 경험은 누구에게나 있을 것이다.

　사실 우리 안에는 이상적이라 생각하는 그 모습을 꼭 닮은 우리의 잠재된 모습이 이미 자리 잡고 있다. 단지 아직 우리가 눈치 채지 못한 것뿐이다. 나만의 이상향, 잠재된 아바타는 하루빨리 자신을 보여주길, 즉 우리가 자기에게 관심을 기울이길 기다리고 있다. 그럼 어떻게 하면 자신 안에 존재하고 있는 아바타를 발견하고 이를 깨울 수 있을까?

💬 생각은 생각보다 힘이 세다!

GIGO란 '가비지 인, 가비지 아웃Garbage In, Garbage Out'의 약어로, 쓰레기를 입력시키면 결국 '쓰레기밖에는 나오지 않는다'는 뜻이다. 쓰레기 같은 하찮은 생각을 하면 결국 쓰레기 같은 아이디어나 행동밖에 나오지 않는 것을 말한다. 반대로 DIDO란 '다이어몬드 인 다이아몬드 아웃Diamond In, Diamond Out', 즉 '다이아몬드처럼 긍정적이고 제대로 된 생각을 하면, 다이아몬드 같은 행동이 유발되고 결국 다이아몬드 같은 사람이 된다'는 것이다.

GIGO와 DIDO는 결국 입력이 출력을 좌우한다는 말로 원하는 자신의 모습을 위해서는 듣는 것도 생각하는 것도 보는 것도 모두 주의를 기울여야 함을 상징한다. 성공을 바라는 사람은 먼저 성공을 생각하고 행복을 바라는 사람은 행복을 생각해야 한다. 무엇이든 우리가 마음속에 받아들인 것은 말이나 행동으로 발전 또는 변화되어 표현된다. 또 자신이 말이나 행동으로 표현한 것은 반드시 자신의 마음에 깊은 인상을 준다. 그러므로 좋은 말을 자신에게 해주어야 한다. 항상 입버릇처럼 "나는 인기가 없다." 라던가 "나는 운이 없어!"라는 말을 한다면 실제로도 그렇게 된다.

"된다 된다 나는 된다!"를 중얼거려라

일본의 의학박사이자 이학박사인 사토 도미오는 '입버릇의 심리학과 생리학'을 연구했다. 그에 의하면 입버릇은 일종의 자기암시로 자신이 하는 말은 새로운 뇌를 통해 상상을 불러일으키고 오래된 뇌인 자율신경계는 그 말을 읽어들이는 즉시 그것을 실현하기 위해 활동하기 시작한다고 한다. 그러므로 항상 자신의 말에 주의를 기울여야하고 자신이 하는 말이 사실이 아니어도 상관없으니 자신이 가지고 싶은 것이나 이루고 싶은 일들을 끊임없이 생각하고 말하는 것이야말로 꿈을 실현시키는 하나의 방법이라고 주장한다. 나는 그의 말을 믿는다. 그리고 언뜻 보기에 단순해 보이는 그의 방법론을 실행해서 종종 효과를 보기도 한다.

내 안의 아바타를 깨우는 방법

말 뿐만이 아니다. 우리는 우리가 생각하는 것보다 훨씬 쉽게 인생을 통제할 수 있지만 이 사실을 인식하지 못하고 있다. 누군가를 만나거나 피하는 일도 사실 무의식의 영향을 받는다. 우리의 정신은 하나의 커다란 자석과 같아서 계속 만나고 싶은 사람에 대해 생각하면 그 사람을 실제로 만나기도 한다.

우리는 내면의 힘을 믿어야 한다. 자신이 원하는 것을 말로 반복하고 글로 쓰면 실제로 이룬 확률도 높아진다는 얘기는 수많은 자기계발서와 성공학서에서 항상 빠지지 않고 등장한다. 나또한 몇년 전 책을 읽다가 '자신이 원하는 것을 목록으로 만들어서 늘 가지고 다니면 이룰 확률이 높아진다'는 부분을 읽고, 실험삼아 리스트를 만들었다. 일명 '나만의 버킷리스트'인데 그 때만 해도 나의 인생이 어떻게 펼쳐질지 모르는 터라 '과연 여기에 있는 것을 몇 개나 갖고 이룰 수 있을까?'라는 의문은 들었지만 그래도 즐거운 마음으로 작성했고 지금까지 가지고 있다.

결과는 꽤 만족스러운 편이다. 정말 신기하게도 그 종이에 적힌 나라 중 10군데를 갈 수 있었고, 약간의 차이는 있지만 내가 생각하는 이상형이라 생각하고 적어 둔 성격의 배우자를 만났다. 내가 바라는 나의 모습과 하고 싶은 것 가고 싶은 곳 등, 그 종이에 적힌 내용들을 살펴보는 것만으로도 기분이 좋아지고 동기부여도 된다.

누구나 자신의 이상형아바타을 마음에 품고 살아간다. 하지만 자신의 내면에 이미 그 모습이 있다는 사실을 진심으로 믿는 사람은 드물다. 또한 현실에서 부딪히는 크고 작은 방해물 때문에 이 믿음이 흔들릴 때도 수없이 찾아온다. 이럴 때 "된다. 된다. 나는 된다."는 긍정의 말을 중얼거리거나 자신이 적어 놓은 버킷리스트를 한번 읽어보는 것만으로도 나의 이상형, 아바타와 한발 더 가까워 질 수 있을 것이다.

> **❝아바타의 메시지**
> 내 안에는 이미 나의 이상형
> 아타바가 존재하고 있다.
> 단지 그것을 모르거나
> 믿지 않을 뿐이다. 내 안의 이상형,
> 아바타와 닮기 위한 최고의 방법은
> 내가 그 사실을 믿는 것이다. ❞

제4장

나와 세상,
여유롭고 행복하게
바라보기

CHARACTER
COACHING

 아낌없이 주는 나무의 메시지

"살면서 때로는 마음에서 놓아버릴 줄도 알아야해"

: : 아낌없이 주는 나무

실버스타인은 미국 시카고에서 태어나 자랐으며, 작가이자 일러스트레이터, 시인, 음악가로 폭넓은 예술 활동을 하였다. 그의 작품에는 시적인 문장과 함께 풍부한 해학과 번뜩이는 기지가 녹아 있다. 뿐만 아니라 직접 그린 아름다운 그림들은 글의 재미와 감동을 한껏 더해준다. 1964년 출판된 『아낌없이 주는 나무』는 그의 대표적인 작품으로 많은 어린이들과 어른들에게 감명 깊은 책으로 손꼽힌다.

"우리는 커다란 그림자를 붙잡기 위해 보잘것 없는 현실을 놓으려 한다."

-생텍쥐페리

"나에겐 집이 없어, 이 숲이 나의 집이야, 하지만 내 가지들을 베어다가 집을 지으렴. 그러면 행복해질 수 있을 거야." 이 말을 들은 소년은 나무의 가지들을 베어 갔다.

떠나간 소년은 오랜 세월이 지나도록 돌아오지 않았다. 그러던 어느 날 소년이 다시 돌아왔다.

"이리 오렴, 얘야. 나랑 같이 놀자." 나무가 속삭였다. "난 너무 나이가 들어서 놀 수가 없어." 소년이 말했다.

"난 여기로부터 먼 곳으로 여행을 떠날 거야. 그래서 배 한 척이 있었으면 좋겠어. 내게 배 한 척을 마련해 줄 수 있겠니?"

"내 몸을 베어다가 배를 만들렴. 그러면 너는 멀리 여행을 갈 수 있을 거야."

소년은 다시 나무를 베어 내서 배를 만들어 타고는 멀리 떠나 버렸다.

오랜 세월이 지난 뒤에 소년이 다시 돌아왔다. "애야, 미안하다. 이제는 너에게 줄 것이 아무 것도 없구나. 사과도 없는데." 나무가 말했다. "난 이가 나빠서 사과를 먹을 수가 없어." 소년이 말했다.

"내게는 이제 가지도 없으니 네가 그네를 뛸 수도 없어."

"나뭇가지에 매달려 그네를 뛰기에는 난 이제 너무 늙었어." 소년이 말했다. "뭔가 너에게 주었으면 좋겠는데 내겐 아무 것도 남지 않았어. 나는 다만 늙어 버린 나무 밑동일 뿐이야." 나무가 말했다. "이제 내게 필요한 건 별로 없어. 앉아서 쉴 조용한 곳이나 있었으면 좋겠어. 난 몹시 피곤해." 소년이 말했다. "아, 그래?" 나무는 안간힘을 다해 굽은 몸뚱이를 펴면서 말했다. "자, 여기 앉아. 편히 쉬기에는 나무 밑동이 제일 좋아. 애야, 여기로 와서 앉으렴. 앉아서 쉬도록 해."

놓아줌은 하나의 현명한 선택이다

'아낌없이 주는 나무'는 소년이 원하는 것을 소년이 원할 때 차례차례 내준다. 사람으로 비유하자면 자신이 소유하고 있는 능력이나 재산을 평생에 걸쳐 하나씩 내어준 셈이다. 소년은 이를 통해 그때마다 원하는 것을 얻었다. 그렇다면 나무는 항상 희생만 한 것일까? 그렇지 않다. 그때마다 자신의 집착과 욕심에서 벗어날 기회를 갖게 되고 홀가분함과 비움이 주는 기쁨도 얻게 되었을 것이다.

'나에게 조금만 더 관심을 주었으면, 나의 기대를 채워주었으면…' 하는 인간의 욕망과 욕구는 자기애에서 비롯된 원초적인 욕구라 자신이 가진 것을 내어주거나 집착에서 벗어난다는 것은 말처럼 쉽진 않다. 그 집착하는 대상이 현재의 자신에게는 그다지 긍정적인 요인이 되지 않는다는 사실을 모르면 모르는 대로 힘들고, 머리로는 잘 알고 있다 해도 마음에서 내려놓기가 어디 쉽겠는가. 어렵지만 실천을 하면 내려놓음과 집착에서 벗어남은 분명 내 마음속 평화의 크기를 크게 해준다.

살다 보면 정말 이유 없이 남을 미워하거나, 악의를 가진 사람을 만나게 된다. 그럴 때는 "합당하든 합당하지 않건 모든 심리에는 이유가 있다. 내가 모르는 어떤 부분이 원인이 되어 그 사람이 나를 미워할 수도 있다. 이 부분은 대화를 통해 서로 풀어갈 수 있을 것이다." 라고 말한 심리학자 이민규 교수의 조언을 떠올려보자. 내가 아무 잘못도 안했는데 나를 미워하는 것으로 고민하는 사람에게 이민규 교수는 '차에 치인 개' 이야기를 해 준다. 차에 치인 개를 도와주러 가면 도리어 사람을 물려고 한다. 이렇듯 이유 없이 나를 좋아하지 않거나 미워하는 것처럼 차갑게 대하는 사람은 나를 미워하는 것이 아니라, 이전의 다른 사람에게 받은 상처를 내게 풀고 있는 것이라고 생각하면 된다는 것이다. 인간관계에서는 노력해도 어쩔 수 없는 부분도 있다는 사실을 인정 하는 것, 누군가와의 관계에 있어서도 놓아줌과 내려놓음이 때로는 현명한 해결책이 될 수 있다.

> 차에 치인 개를 도와주러 가면 도리어 사람을 물려고 한다. 이렇듯 이유 없이 나를 좋아하지 않거나 미워하는 것처럼 차갑게 대하는 사람은 나를 미워하는 것이 아니라, 이전의 다른 사람에게 받은 상처를 내게 풀고 있는 것이라고 생각하면 된다.

잊는 것도 하나의 내려놓음이다

한 연구소의 부회장님은 자신이 신입사원 시절 들었던 이야기를 가슴에 새기고 산다. 그는 우연히 인사 조치에 불만을 품은 한 선배가 인사팀 직원과 나누는 대화를 듣게 되었다. 부당한 인사 조치라는 항의에 인사부 직원이 "인사는 자기에게 무조건 유리하게 해석하는 게 좋다. 그리고 더 좋은 것은 빨리 잊는 것이다."라고 답했다. 이 이야기를 듣고는 이러한 교훈을 평생 인간관계에 적용했다고 한다. '언짢은 얘기도 언젠가는 나에게 좋은 결과로 되돌아올 것이다.'라고 생각했더니 그 사실에 대해 받아들일 수 있는 여유가 생기더란다. 자신을 보호하고 긍정적으로 사고하여 결국엔 긍정적인 결과로 이끄는 현명한 내려놓음의 또 다른 방법이기도 하다.

어떤 사람은 자신의 과거를 너무나 생생하게 기억해낸다. 나와 친한 L 언니는 함께했던 일에 대해 그리고 내가 아주 예전에 해 주었던 얘기에 대해서 나보다 더 잘 기억하고 있어 종종 놀라곤 한다. 하지만 나는 이와는 완전히 반대로 뒤돌아서면 바로 잊어버리는 유형에 속한다. 여행의 즐거웠던 여운이 좀 오래가면 좋으련만 디지털 카메라로 찍어 놓은 사진을 볼 때나 '아 내가 여행을 갔었지'라는 생각이 들 정도로 과거의 일을 빨리 잊어버리는 편이다. 좋은 일은 기억이 오래가고 나쁜 일은 빨리 잊는 사람이 가장 행복할 텐데 나의 기억력이 때로는 야속한 마음까지 들게 한다.

이렇듯 과거에 대한 우리의 기억은 사람마다 차이가 있다. 그 과거는 얼마나 진짜일까. 실제로 우리가 기억하는 과정은 카메라에 담아놓은 동영상을 재생하는 것과는 아주 다르다고 한다. 심리학자들은 우리가 기억 속에 있는 과거를 불러오는 것이 아니라 뇌를 통해 과거를 재구성하는 것이라고 설명한다. 그리고 그 정확한 과정은 아직 과학의 힘으로도 밝혀내지 못하고 있단다.

인간의 기억능력에 대해 오랫동안 연구한 심리학자인 엘리자베스 로프터스Elizabeth F. Loftus는 다음과 같은 실험을 실시했다. 모든 참가자들은 자신의 아주 어린 시절에 있었던 사건에 대해 얘기를 듣는다. 예를 들어

여섯 살 때 시장에서 길을 잃고 몇 시간 후에야 엄마를 다시 만났던 경우 등이었다. 그 후 참가자들에게 그 사건에 대해 "기억이 나는지와 관련된 다른 세부적인 사항들을 떠올릴 수 있는지"를 물어보았다. 하지만 아주 극소수의 사람들만이 "기억이 난다."고 대답했다. 하지만 이는 지극히 당연한 일이었다. 심리학자가 참가자들에게 들려준 그들의 과거의 이야기는 모두 지어낸 이야기였다. 따라서 그들은 아예 그러한 사실을 겪은 적이 없었던 것이다. 하지만 계속 동일한 질문을 반복하자 어느 순간 많은 이들이 "그 사건에 대한 기억이 나요." 라고 말할 뿐만 아니라 무척 자세히 그 기억에 대해 묘사를 하기도 했다.

그녀는 이를 '기억의 이식'이라고 설명한다. 과거란 우리 스스로가 생각하는 것만큼 확고한 것이 아니며, 기억이란 불완전한 구성이나 접근을 통해 현재 시간에 발현되는 것에 불과하다는 논리다. 따라서 과거를 재구성하는 과정은 외부의 영향을 크게 받으므로 스스로 자신의 의지에 따라 바꿀 수도 있게 된다. 만약 무엇인가에 상처받은 기억이 있다면 이를 다시 즐거운 일로 바꿀 수 있다는 것이다. 결국 지나간 기억이라 하더라도 자신이 원하는 방향으로 재구성하는 것은 아직 오지 않은 미래를 긍정적으로 바라보는 것처럼 가능하며, 이와 동일한 효과를 낸다. 실패와 슬픔을 반복하지 않기 위해서는 지금 이 순간부터가 아닌 어제부터 다시 시작 할 수 있다는 사실만으로도 즐거워지지 않는가? 슬픈 과거, 우울한 기억을 지우기 위한 '내 머리 속의 지우개'는 이미 우리 안에 있다. 그러니 부정적인 기억은 깨끗이 지워버리자.

'아낌없이 주는 나무'가 행복했던 것은 억지로 소년에게 자신의 일부를 내어준 것이 아니라 기쁜 마음으로 소년의 요구를 받아들였기 때문이다. 그리고 분명 그와 함께 우울함, 걱정거리, 집착도 함께 내려놓았을 것이다.

일이 마음처럼 풀리지 않을 때 화가 나고 우울해지기 쉽다. 더 많은 돈과 명예, 더 많은 인정과 권력을 향해 노력하지만 이는 허무감만 더해 줄 뿐이다. '자신이 너무 욕심을 내고 있는 것은 아닐까?'라는 자각이 들면 아낌없이 주는 나무가 알려준 내어줌과 내려놓음의 지혜를 떠올려 보자. 그리고 욕심을 채우기 보다 누군가에게 무엇인가를 아낌없이 주려는 노력을 한다면 분명 또 다른 행복감을 느낄 수 있을 것이다.

> **"아낌없이 주는 나무의 메시지**
> 자신이 가진 것에 집착하지 마라.
> 자신이 가진 기억에서
> 버려야 할 것들을 놓아버려라.
> 두 가지 버림을 통해 우리는
> '아낌없이 주는 나무'가 누렸던
> 홀가분함이 주는 기쁨을
> 알게 될 것이다.**"**

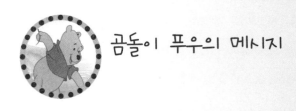

곰돌이 푸우의 메시지

"때로는 한 박자 천천히 걸어가도 괜찮아!"

:: **곰돌이 푸우** Winnie the Pooh

우리에게 디즈니 애니메이션으로 잘 알려진 〈곰돌이 푸우〉의 원작은 20세기 초 영국 작가 앨런 알렉산더 밀른의 고전 동화책이다. 1926년 10월에 출간된 첫해에만 15만권이 팔리는 폭발적인 반응 얻었고 28년에 나온 속편을 포함한 두 권의 책은 번역본을 제외하고도 1996년까지 2천만권이 팔리는 경이로운 기록을 세웠다.

"대부분의 사람들은 성급하게 서두를 뿐 자신이 어디로 가는지 신경 쓰지 않는다."

-앤디루니

'뻐꾹뻐꾹~' 시계가 소리를 냈습니다. 무언가 할 때가 된 것입니다. 하지만 곰돌이 푸우는 약간 머리가 둔한 곰이었기 때문에 '무언가'가 생각이 나질 않았습니다.

"왜 생각이 나질 않지? 노력을 해 봐야지. 생각 생각 생각. 아, 그래. 건강 체조를 할 시간이야." 내가 위, 아래, 땅 짚으면 배가 들어가. 내가 위, 아래, 땅 짚으면 점점 배고파. 나의 몸, 마음, 머리까지 건강해지네. 운동하면 식욕이 절로 좋아져. 꼬르륵."

"뱃속에서 나는 소리였어. 단 것을 먹을 시간이야."

"내가 뚱뚱하다지만 난 자랑스러워. 자꾸 위, 아래, 땅 짚으면 먹을 게 생각나. 꿀, 우유, 아님 초콜릿, 무엇이든 먹고 싶은 난 행복한 곰돌이 푸우. 무엇이든 먹고 싶은 난 행복한 곰돌이 푸우."

언뜻 보면 빈둥거리는 것 같은 생활을 하는 곰돌이 푸우Winnie the Pooh. 푸우의 주 무대는 평화로운 숲속이다. 자연 속에 살면서 배가 고프면 꿀을 먹거나 한가로이 산책을 하고 낮잠을 잔다. 친구들과 어울리다가 어려움에 처하면 친구들에게 서슴없이 도움을 청하기도 한다. 물론 걱정 같은 건 푸우에게 어울리지 않는다. 뚱뚱한 자신의 몸을 미워하지 않고 그 자체를 인정하며 다이어트를 하려 하거나 애써 고민하지도 않는다. 나에게 이런 푸우는 게으르게 보이기보다는 '자기다움'을 유지하고 사는 진정한 느림의 실천자로 보인다. 그래서 이러한 푸우의 모습을 많은 이들이 사랑하는 게 아닐까 싶다. 푸우가 가진 '나다움! 그에 대한 긍정적 만족감 그리고 여유로움'이야말로 우리에게도 필요한 삶의 자세가 아닐까?

느림의 진정한 의미

느림, 느리게 산다는 것의 진정한 의미는 무엇일까? '느림=게으름'이라는 공식을 바로 떠올렸는가, 아니면 '느림이라 음…, 좀 여유롭게 사는 것!'이라고 생각하였는가. 피에르 쌍소Poerre Sansot는 '느림이라는 태도는 빠른 박자에 적응 할 수 있는 능력이 없다는 것을 의미하는 것은 아니며 시간을 급하게 다루지 않고, 시간의 재촉에 떠밀려가지 않겠다는 단호한 결심에서 나오는 것'이라고 했다. 살아가는 동안 나 자신을 잊어버리지 않을 수 있는 능력과 세상을 받아들일 수 있는 능력을 키우겠다는 확고한 의미에서 비롯하는 것이라고 말한다. 한 마디로 '느리게 산다는 것은 게으름이 아닌 자신을 지키고 사는 자신 있는 삶의 태도'다. 또한 다소간의 느림의 실천은 언제 누가 질문을 던진다 하더라도, '나의 삶은 행복하다'라고 자신 있게 말할 수 있는 원천이 된다. 느림을 실천해보면 자신이 태어나 진정 바라는 삶의 형태가 무엇인지를 깨달을 수 있다.

주체적인 삶을 살고 있는가

인생의 목표를 세워놓고는 끝없이 전진하는 데에만 열중하는 사람들이 있다. 이런 사람들은 어느 날 더 이상 올라갈 데가 없다고 느끼게 되면 허무감과 공허함으로 무기력해진다. 갑자기 한가한 자리로 발령을 받게 되거나 더 이상 승진할 수 없다고 느낄 때, 자신이 물러나야 할 때라고 생각될 때 느끼는 공허한 심리적 현상들을 '상승정지 증후군'이라 한다. 직장인이 아니라 해도 목표를 향해 집중한 나머지 그 목표가 상실되었을 때는 누구에게라도 찾아올 수 있는 증상이다. 이런 느낌이 밀려온다면 그때부터야말로 자신의 삶을 되돌아보고 무엇이 필요한지를 파악하여 채워 넣을 차례다. 대부분의 사람들에게 필요하지만 그 중요성을 인식하지 못하는 것 중 하나가 바로 여유로운 시간을 통한 자기다움의 발견이다.

우리나라 사람들이 일반적으로 급한 성향을 가지고 있다는 것은 새삼 강조하지 않아도 다 알 것이다. 나도 성격이 급한 편이다. 남보다 빨라야 하고 공부는 속성으로 마스터해야 더 좋다고 생각하곤 한다. 이처럼 대다수의 사람들은 느린 것보다는 빠른 것을 훨씬 바람직하고 좋은 것으로 여긴다. 빠른 속도를 보여주는 상품을 선호하고, 속도가 느린 상품들은 자연스럽게 사라지는 것이 일반적이며, 이러한 속도 경쟁은 거의 모든 영역에서 이루어지고 있다는 것도 부정 할 수 없다. 기술의 빠른 속도에 뒤쳐지지 않기 위해서 계속해서 학습해야 하는 시대 탓도 있지만 이 빠름 속에는 분명 '나만 뒤쳐지면 안 된다'는 두려움과 '남이 날 어떻게 생각할까'라는 남의 시선을 의식하는 마음이 깔려있기도 하다.

> **상승정지 증후군** 갑자기 한가한 자리로 발령을 받게 되거나 더 이상 승진할 수 없다고 느낄 때, 자신이 물러나야 할 때라고 생각될 때 느끼는 공허한 심리적 현상

당신은 어떠한가. 당신만의 주체적인 삶을 살고 있는가? "난 지금 너

무 행복해! 이렇게 사는 것이 내가 바라던 삶의 방법이었어." 라고 자신 있게 말할 수 있는가. 아니면 아직도 나답기보다는 남의 시선과 남의 기준에서 쉽게 벗어나지 못하는 자신을 인정할 수밖에 없는가?

앞에서 잠깐 '느림'의 진정한 의미에 대해 언급하였지만 사람들은 느린 것을 게으른 것과 혼동하고 있기도 하다. 하지만 느린 것과 게으른 것은 다르다. 느린 것은 게으른 것이 아니라 빠른 것에 반대되는 개념이다. 느림은 우리를 보다 인간답게 살게 하고, 느림을 통해 남을 제치고 자신만 아는 경쟁적인 삶에서 벗어나 결국 진정으로 남들과 더불어 행복하게 사는 것을 가능하게 한다.

💬 때로는 나를 천천히 돌아보자

갈수록 빨라지는 변화의 속도에 때때로 두렵기도 든다. 시간과 일에 쫓기며 바쁘게 생활하다 보면 문득문득 내가 무엇을 하고 있는 것인지, 무엇을 위해 이렇게 살아가고 있는지, 스스로에게 의문이 들 때도 있다. 그러면서 무엇인가 비어있는 듯하고 무엇인지 모를 공허감이 밀려들기도 한다.

많은 사람들이 바쁘고 정신없이 살다 죽음이 임박해오거나 갑작스런 병을 앓게 될 때, 많은 후회를 한다고 한다. 내가 왜 이토록 하늘 한번 올려 다 볼 여유도 없이, 뒤도 돌아보지 않은 채 앞만 보고 살아왔나 하면서 말이다. 그러니 지금부터라도 '진정한 나'를 찾기 위한 첫발을 내딛어 보는 것은 어떨까?

"우리가 하는 걱정거리의 40퍼센트는 절대 일어나지 않을 사건들에 대한 것이고 30퍼센트는 이미 일어난 사건들, 22퍼센트는 사소한 사건들, 4퍼센트는 우리가 바꿀 수 없는 사건들에 대한 것이다. 나머지 4퍼센트만이 우리가 대처할 수 있는 진짜 사건이다. 즉 96퍼센트의 걱정거리는 쓸데없는 것이다." 라고 어니 젤린스키Ernie J. Zelinski는 말한다.

걱정 줄이기, 하루에 한 번씩 하늘 쳐다보기, 현재 생활에서 감사한 마음 갖기, 크게 '후~휴' 하면서 심호흡하기, 30분 정도 아무 생각 없이 산책하기, 힘든 일이 생기면 푸우의 여유로움을 한번쯤 떠올려보기 등등…. 이런 사소한 노력들이 소극적으로는 바로 96퍼센트의 쓸데없는 걱정에서 벗어나는 쉬운 실천법이자 궁극적으로는 조금씩 자신만의 느림을 실천하는 방법들이다.

혹시 '아무것도 하지 않는 상황'을 견디기 어려워하는 중증의 조급증을 당신도 모르게 가지고 있을지 모른다. 무엇인가를 하는 것보다 '잘 쉬는 법'을 어려워하는 당신이라면, 혼자만의 시간 보내기를 어려운 숙제처럼 여기고 있다면 아무것도 하지 않은 채 축 늘어져 쉬고 있는 푸우의 여유로움을 먼저 떠올려보라.

"불이 나면 서둘러 빌딩을 빠져 나와야 되죠? 악어가 쫓아오면 서둘러 도망쳐야 되죠? 사실 '서두르다'는 것은 이렇듯 다급한 상황에만 어울리는 말이죠. '삶'이란 단어는 '서두르다'와 본질적으로 어울리지 않아요. 모차르트가 음악을 서둘러 작곡하지 않았고, 표범이 아프리카 사바나를 서둘러 뛰어가지 않듯이." 티머시 맥Timothy Mack 세계미래회의WFS 회장의 말이다. 이처럼 삶은 급하게 서두르고 초조해한다고 제대로 흘러가는 것이 아니다.

언제나 느긋해서 즐거운 푸우처럼 당신만이 만들 수 있는 '진정한 느림'의 생활을 한번 실천해보자. 세상에 우리가 온 이유는 나다운 모습, 진정한 자아를 만나기 위함일 테니까 말이다.

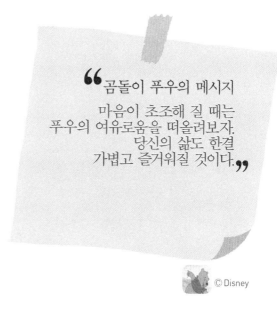

❝곰돌이 푸우의 메시지
마음이 초조해 질 때는
푸우의 여유로움을 떠올려보자.
당신의 삶도 한결
가볍고 즐거워질 것이다.❞

© Disney

 스노우캣의 메시지

"너 지금도
충분히
잘 살아가고 있어"

:: **스노우캣**

'쿨캣Coolcat'이라는 이름으로 처음 시작된 연재만화 〈스노우캣〉은 1998년 고양이를 이용한 카툰과 일러스트레이션으로 순식간에 스노우캣 마니아를 만들어냈다. 스노우캣은 혼자 놀기를 좋아하고, 날쌔고 여우같은 고양이들의 습성과는 반대로 느릿느릿하고 폐쇄적인 성격이다.

변화는 환경에서 생존하기 위해 필수적인 요소 중 하나다. 하지만 무조건 가만히 있으면 정체되는 것이 아니라 도태를 의미한다는 논리에 휩쓸려 너나 할 것 없이 뭔가 달라져야하고 새로워져야 한다는 의무감을 갖기 쉽다. 하지만 안타까운 것은 이러한 의무감으로 인해 '무엇을 위해 누구를 위해 변화해야 하는지'에 대한 근본적인 고민은 하지 않는 경우가 많다는 점이다.

현대 사회의 빠른 변화는 사람들 스스로 만들어가는 것이지만 거기에 적응하지 못하는 사람들은 스트레스를 받는다. 변화에 적응하지 못하는 직장인에게서 나타나는 대표적인 부적응 현상이 바로 '파랑새 증후군Blue Bird Syndrome'이다. 이는 직장인들이 겪는 노이로제Neurosis 현상으로 신경증의 일종이다. '변화를 위한 변화와 진정한 자기 찾기'에서 갈등

하다가 결국 좋지 않은 결과로 이어지는 것이다.

이런 증후군에 시달리는 사람과는 달리 '자기다움'을 유지하면서도 변화와 조화롭게 지내는 고양이가 있다. 이 고양이는 매일 아침 졸린 눈을 억지로 뜨고 귀찮은 것은 지독하게 싫어하는, '혼자 놀기'를 즐기고 하루 종일 소시지와 귤만 먹으면서 '귀찮게 꼭 밥을 먹어야 할까? 하루를 알약으로 끼니를 해결할 수는 없을까?'하고 그 방법을 진지하게 생각한다. 화창한 날씨가 오히려 부담스러워 혼자 고독감에 빠지곤 하며, 온종일 잠만 자다가 문득 '잠은 무덤에서도 충분하다'는 어린 시절 교장 선생님의 말씀을 떠올리기도 한다. 요즘 들어서는 프랑스 여행을 가기도 하고 영어 책에 등장하여 재미있게 영어 공부를 하도록 도와주기도 한다.

바로 이 고양이는 10년 넘게 인기를 누리고 있는 스노우캣SnowCat이다. 부르주아적 고양이라면서 냉소적으로 바라보는 이들도 있지만 그렇다하여 성격의 변화나 기본적인 성향이 변한 것은 아니다. 여전히 게으름 피우기를 즐기고 소심한 면도 많다. 그렇지만 그런 자신을 인정하고 나름대로의 최선을 다해 살아가고 있어 더없이 행복해 보인다.

그 누구라 하더라도 마냥 미래에 대해 긍정적으로만 전망하는 것은 쉽지 않을 것이다. 쉽게 지치기도 하고, 피곤하게 만드는 일도 많은 일상에서 '대충 좀 살면 어때'라고 생각하기도 하며, 평균 수명 100세 시대라는데 '난 지금 잘 준비하고 있는 것인가'하는 뜬금없는 두려움이 밀려오기도 한다. 그러다 만난 스노우캣은 '진짜 너답게 사는 것에 대해 생각해봤니?'라는 질문을 던진다.

방외지사,
자기다움의 고수들

조용헌 씨의 저서 『방외지사』에는 자기다움을 추구하는 많은 이들이 소개되어 있다.

이름하여 '백수의 제왕'이라는 별명의 강기욱 씨는 대학을 졸업하고 취업을 거부한 채 시골에서 고택을 지키며 살아간다. 그의 신조는 '눈먼 새도 공중에 날아다니면 입에 들어오는 것이 생기게 마련'이다. 그리고 당연히 그가 주로 하는 일은 노는 일. 일생을 일만 하며 사는 서울 사람들을 연민의 정으로 바라본다고 한다.

잡지사 기자로 근무 하다가 사표를 내고 주머니에 달랑 300만원만 가지고 무작정 지리산에 뛰어든 시인 이원규 씨의 한 달 생활비는 20만원이다. 그는 지리산에서는 굶어 죽는 사람이 없고, 자살하는 사람도 없다고 말한다. 처성자옥妻城子獄의 서울을 버리고 지리산에서 얻은 것은 850리를 오토바이 하나 타고 바람처럼 돌아다니는 대자유라 말한다. 차를 감별하는 품명가品茗家 손성구 씨는 차의 냄새만 맡아도 그 차 잎이 동산에서 채취되었는지, 서산에서 채취되었는지를 감별한다. 이 단계에 이르기까지 20년 동안 거의 매일 50여 잔의 차를 마신 그는 차 맛을 아는 사람은 돈이 없고, 돈이 많은 사람은 마음이 바빠서 차 맛을 모른다고 얘기한다.

전국의 강들을 오로지 두 발로 걸어 다닌 신정일 씨는 금강 401킬로미터를 시작으로 하여, 섬진강 213킬로미터, 한강 514킬로미터, 낙동강 517킬로미터, 동진강 54킬로미터, 만경강 98킬로미터, 영산강 148킬로미터를 포함하여 남한의 7대 강 모두를 걸어 보았다. '걷다보면 길이 보인다는 것'이 그가 7대 강을 걷고 난 후에 깨달은 이치다.

우리 주변에서 보기 쉽지 않은 이들이라면 텔레비전 프로그램을 통해서라도 종종 이런 자신만의 특별한 삶을 살고 있는 이들을 어렵지 않게 만날 수 있다.

이렇듯 한번쯤 해보고 싶던 것을 실제로 실행에 옮기는 삶은 무척 행복해 보인다. 바로 나답게 사는 것을 발견했고 이를 통해 만족하면서 살기 때문이다. 그렇다고 해서 산으로 들어가거나 도인처럼 살자는 것은 아니다. 마쓰시다 고노스케 회장은 성공적인 인생을 살기 위해 가장 중요한 것은 다음과 같이 자신의 사명을 찾는 것이라 했다.

"십인십색이라는 말처럼 사람은 모두 자신만의 독특한 멋, 즉 개성을 갖고 태어났다. 성격이나 소질, 재능 면에서도 자신과 똑같은 사람은 지구상에 단 한 명도 없다. 이처럼 서로 다른 독특한 멋과 특성을 가지고 있다는 것은 바꾸어 말하면 사람은 모두가 다른 일을 하고 다른 삶의 태도를 갖고 살도록 운명 지어져 있다는 의미다. 성공의 또 다른 모습은 스스로에게 주어진 이러한 천성을 완전히 살려서 자신의 사명을 수행하는 것이라 생각한다. 이것이 인간으로서의 바른 삶의 태도이며, 인간으로서의 성공이라고 할 수 있다."

인생에 있어 가장 불행한 사람은 남을 의식하느라 남의 시선에 따라 사느라 남의 기대에 부응하는데, 생을 마감할 때쯤에서야 겨우 '그렇게 살지 않았어야 하는데…'라고 후회하는 사람이 아닐까. 만약 큰 실수나 실패를 했다 하더라도 그것이 자기가 정말로 해 보고 싶던 일이었다면 후회는 없을 것이기 때문이다.

> "이 밧줄은 내 스스로 감은 것이야. 그대를 구속하고 있는 건 다른 누구도 아닌 그대 자신임을 잊지 말게. 그대만이 그대를 구속할 수 있고, 또 그대만이 그대를 자유롭게 할 수 있어." -류시화

자기다움이면 충분하다

'나다움에 대한 정답'을 발견하진 못했다 하더라도 미래에 대해 두려움으로 꼼짝 못하는 신 러다이트주의자는 되지 말자. 러다이트 운동이

란 19세기 초 영국에서 일어난 기계파괴 운동으로 새로운 것에 부정적으로 반응함을 말한다. 신 러다이트주의자Neo-Luddite들은 생명공학, 인터넷, 증가하는 소비뿐만 아니라 전반적으로 새로운 기술에 대해 부정적으로 반응하는 집단을 말한다. 미래를 막연히 두려워하기보다, 자신을 믿고 상상하고 그 꿈을 이룰 수 있다는 생각을 해보자.

류시화 씨는 『하늘 호수로 떠난 여행 중』에서 "이 밧줄은 내 스스로 감은 것이야. 그대를 구속하고 있는 건 다른 누구도 아닌 그대 자신임을 잊지 말게. 그대만이 그대를 구속할 수 있고, 또 그대만이 그대를 자유롭게 할 수 있어." 라고 말한다.

이렇듯 나다움의 발견과 미래와의 조화는 행복하게 살기 위한 최고의 과제다. 어찌되었건 인생은 '스스로 옳다'라는 판단 하에 자신이 즐겁다고 여기는 방식으로 원하는 것을 하면서 살아가면 된다. 하지만 이러한 사실을 너무 자주 잊고 비교로 인해 스트레스를 받고 우울해하며 아까운 시간을 낭비하는 경우가 많다.

인생을 다른 사람들을 위해 살거나 억지로 그들의 기준에 맞추어 살 필요는 없다. 물론 남에게 피해를 주거나 무례한 태도를 보이면 안 되겠지만 어찌되었건 자신의 인생은 한번 뿐인 자기만의 것이라는 사실만큼은 항상 기억해야한다. 다시 한번 말하지만 이유는 단 하나 후회 없는 삶을 위해서다.

스노우캣은 요즘도 여전히 자기다움을 유지하면서 살아간다. 아등

바등 남의 눈을 의식하면서 살아가기에 바쁜 사람들의 부러움을 한 몸에 받으면서 말이다.

겉으로만 행복해 보이는 삶을 선택할 것인가? 아니면 정말 자신의 마음이 움직여 행동하는 진짜로 행복한 삶을 살 것인가? 그 선택은 당신에게 달려 있다.

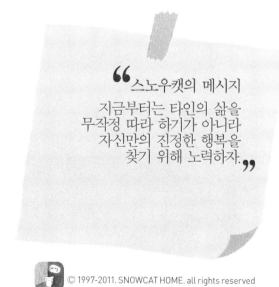

스노우캣의 메시지
지금부터는 타인의 삶을
무작정 따라 하기가 아니라
자신만의 진정한 행복을
찾기 위해 노력하자.

 마네키 네코의 메시지

"행운?
그건 네가 만들어
네가 받는 선물이야"

:: **마네키 네코**招き猫
앞발로 사람을 부르는 형태를 한 고양이 장식물로 길조를 부르는 상징물이다. 오른손을
들고 있는 고양이는 '돈'을, 왼손을 들고 있는 고양이는 '손님'을 부른다는 의미를 지녔다.

"행운은 준비가 기회를 만났을 때 생기는 것이다."

-세네카

'운運? 운이야말로 하늘에서 떨어지는 것이지. 로또? 대박? 이런 건 분명 태어나면서부터 정해진 사람한테만 일어나는 행운이야' 라는 생각으로 살아가는 사람이 있다고 하자. 이 사람에게 과연 운 좋은 일이 쉽게 일어날 수 있을까?

살면서 누구나 한번쯤은 행운이 찾아오기를 바란다. 물론 몇 백 억짜리 복권에 당첨되는 횡재까지는 아니라 해도 시험에서 찍은 문제가 맞거나 길을 가다가 우연히 500원짜리 동전이라도 줍게 되면 그날은 그야말로 운 좋은 날이 된다. 반대로 아침 출근길 열심히 뛰었음에도 지각을 하거나, 되는 일도 없이 허탕만 치는 날이면 억세게 운 나쁜 하루를 보낼 수도 있다. 과연 살면서 만나는 이런 행운과 불운은 하늘에서 이미 정해져 벌어지는 일일까?

"저 사람은 운도 좋아, 확실히 인복이 있어 보여…"

"저 가게는 왜 저렇게 잘돼? 항상 사람이 많단 말이야. 도대체 이유가 뭘까?"

적절한 시기와 절묘한 순간에 누군가를 만나 인생을 척척 풀어가는 사람이 분명 있다. 그다지 특별해 보이지는 않지만 이상하리만치 항상 사람들로 북적거리는 가게도 있다. 그 비결은 무엇일까? 그런 사람과 가게는 그야말로 타고난 복이 엄청 많은 것일까?

행운을 부르는 고양이, 마네키 네코

아주 썰렁했던 가게, 그런데 어떤 사람이 들어가면 갑자기 많은 사람들이 이상하리만치 우르르 몰린다. 그 한 사람의 등장으로 조금 전까지도 파리가 날리던 가게 안이 놀랍게도 갑자기 발 디딜 곳이 없게 되는 것이다. 이런 단 한 명의 손님 때문에 매상이 오르고 가게 안은 활기가 느껴진다. 모든 가게 주인이라면 누구나 이런 사람을 계속 붙잡아두고 싶은 것은 당연하다. 그런데 정말 이런 '행운을 잡아두는 고양이'가 있다!

아주 옛날 도쿄의 세타가야에 고도쿠지豪德寺라는 절이 있었다. 이 절은 무척 작고 형편도 그다지 넉넉지 못했다. 그러던 어느 날, 고양이 한 마리가 이 절에 들어왔다. 버려진 고양이였는지 떠나려 하지도 않았다. 주지스님은 측은지심으로 이 고양이를 절 안에서 살 수 있도록 했다. 그 때부터 이 고양이는 절에서 살게 된다.

뜨거운 여름 볕이 내리쬐던 어느 날, 그 지역을 다스리는 성주가 절 근처를 지나가고 있었다. 성주가 더위에 지쳐 우물가 나무 밑에서 목욕을 하려던 찰나, 때마침 고양이 한 마리가 자신을 부르듯 "야아옹, 야옹" 울고 있는 모습이 눈에 들어왔다. '참 귀여운 고양이로군' 하고 생각하면서 쓰다듬어 주려는 순간, 갑자기 고양이가 펄쩍 뛰어 초라한 절 문 앞에 앉았다. 성주는 '이런 곳에 절이 있었네.' 라고 생각하며 고양이에게 가려고 발걸음을 옮겼다. 그런데 갑자기 성주가 옷을 벗어둔 바로 그 나무 밑에 "쾅!"하는 소리와 함께 벼락이 떨어졌다. 그 고양이가 성주의 목숨을 살린 것이다. 그 뒤 이 절은 성주 가문의 원찰이 되었고, 고양이를 키우던 스님도 가난을 면하게 되었다고 한다. 그 고양이는 죽어서 절에 묻히고, 이 이야기 때문에 '고양이 상을 문 앞에 두면 복이 온다'는 믿음이 일본 사람들 사이에 퍼지게 되었다. 이는 마네키 네코에 얽힌 전설 중 한 가지다.

이러한 전설로 인해 행운의 고양이, '마네키 네코'를 일본 곳곳에서 볼 수 있게 된 것이다. 어디 일본 뿐인가. 우리나라의 어지간한 일식집에서도 이 녀석을 어렵지 않게 볼 수 있다.

사심 없이
먼저 베풀어라

마네키 네코를 통해 사심 없이 베풀었던 일이 나중에 복이 되어 온다는 사실을 알 수 있다. 이런 사실은 성공한 사람들의 삶을 들여다봐도 아주 쉽게 깨닫게 된다.

링컨이 정치에 입문한 계기도 우연히 베푼 선행에서 시작되었다. 링컨이 일리노이 주에서 목수 생활을 하던 어느 날, 낯선 사람이 그에게 다가와 보따리 하나를 내밀며 "1달러에 이걸 사주겠소?"라고 물었다. 그는 보따리를 팔아 한 끼의 식사를 할 참이었다. 그의 마음을 헤아린 링컨은 이를 사주었고, 며칠 뒤 잊고 있던 보따리를 치우려다 안을 열어보게 된다. 그 안에는 법률 서적 몇 권이 있었고, 이 법률 서적을 읽은 것을 계기로 링컨은 훗날 변호사가 되겠다고 결심한다. 그리고 링컨은 우리가 잘 아는 것처럼 미국 상원의원을 거쳐 대통령이 되었다.

평범한 가정주부였던 미우라 아야코는 동네에 자그마한 구멍가게를 냈다. 친절하고 수완이 좋았던 그녀는 물건이 없어 장사를 못할 정도였다. 동네 사람들은 소문을 듣고 일부러 그녀의 가게로 찾아와 물건을 사곤 했다. 그러던 어느 날, 남편이 심각한 표정으로 "우리가 돈을 많이 버는 건 좋지만, 주위에 다른 가게들이 문을 닫아야 할 상황이라던데…." 라고 말했다. 이 말을 들은 그녀는 고심 끝에 일부러 판매할 물건의 수를 줄여 손님이 다른 가게로 가도록 유도했다. 다른 가게 주인들이 와서 그녀의 배려에 감사의 인사를 전했다. 그 뒤 그녀는 여유 시간이 많아져 평소에 읽고 싶었던 책을 읽으며 글을 쓸 수 있게 되었고 이 결과 유명한 소설인 『빙점』이 탄생했다.

이렇듯 계산하지 않고 베푼 선행은 분명 결국엔 좋은 결과로 이어지는 계기가 된다. 생각해보면 좋은 일은 '내가 베푼 작은 선행'을 매개로 하는 경우가 많다. 지금까지 삶이 잘 풀리지 않았다고 해도 노력하면 얼마든지 좋아질 수 있다.

'복 있는 사람, 행운이 따르는 사람이 되기 위한 운'은 분명 만들 수 있는 것이다. 많은 사람들이 스스로 행운을 만드는 데 시간을 들이지 않는 이유는 '행운은 하늘에서 그냥 뚝 떨어지는 것'이라고 생각하기 때문이다. 하지만 이것이야말로 행운에 대한 오해가 아닐까? 행운은 자신이 노력해서 만들고 발견해낸 것이 분명하다.

게다가 만약 지금 당장 눈에 띄는 결과가 나타나지 않는다고 해도, 내가 누군가에게 무엇인가를 베풀었다는 사실만으로도 마음이 뿌듯해진다. 그것만으로도 충분히 자신에게 긍정적인 영향을 준다는 것을 알 수 있다.

미운 사람을 없애버리는 틀림없는 방법

〈미운 사람을 없애버리는 틀림없는 방법〉이라는 이야기가 있다. 옛날에 시어머니의 지독한 트집을 도저히 견딜 수 없었던 며느리가 있었다. 며느리는 시어머니 목소리와 얼굴만 생각해도 속이 답답하고 숨이 막힐 지경이 되어버렸다. 이 며느리는 '시어머니가 돌아가시지 않으면 자신이 먼저 죽을 것 같다'는 극단적인 생각에 이르자 시어머니 몰래 용한 무당을 찾아갔다. 무당은 이야기를 다 듣고는 비방이 있다면서 "시어머니가 가장 좋아하는 음식은 무엇이냐?"하고 물었다. 그러자 며느리는 "인절미인데요."라고 대답했다. 그러자 무당은 "백일 동안 하루도 빼놓지 말고 새 인절미를 만들어서 하루 세 번 드려봐. 그러면 시어머니가 이름 모를 병에 걸려 돌아가실꺼야."라고 예언했다. 이 비법을 들은 며느리는 조금 겁이 났지만 일단 정성껏 인절미를 만들어드렸다.

처음에 시어머니는 "이년이 곧 죽으려나, 왜 안 하던 짓을 하고 난리야?" 라면서 구박부터 했다. 그렇지만 며느리는 아랑곳하지 않고 계속 인절미를 해드렸다. 두 달 정도가 지나자 시어머니는 동네 사람들에게 하루도 거르지 않는 며느리의 마음 씀씀이를 칭찬하기 시작했다. 석 달이 지났을 때 며느리는 자신을 야단치기는커녕 웃는 낯으로 대해주는 시어머니를 돌아가시게 하려고 했던 자신이 오히려 무서워졌다. '이렇게

좋은 시어머니가 정말로 돌아가시기라도 하면 어쩔까?'라는 생각에 덜
컥 겁이 났다. 며느리는 있는 돈을 모두 들고 무당에게 달려가 "제가 잘
못 생각했으니 시어머니를 살릴 방도만 있다면 있는 돈을 다 드릴게요."
라며 눈물을 흘렸다. 그러자 무당은 빙긋이 웃으며 "미운 시어머니는 벌
써 돌아가셨지?"라고 말했단다.

베푸는 사람에게 호감을 느낀다

실제로 존 젝커Jon Jecker와 데이비드 랜디David Landy는 '다른 사람을 위
해 무엇인가를 했을 때, 그 대상에 대한 인식이 바뀐다'는 사실을 실험
으로 입증했다. 그들은 상당액의 돈을 벌 수 있는 '개념 형성 작업 실험'
에 참가한 학생들을 대상으로, 피험자의 3분의 1에게는 실험이 끝난 후
다가가서 "자기는 개인 돈으로 이 실험을 수행하고 있는데 돈이 모자라
서 잘못하면 이 실험을 중단하지 않으면 안 될 것 같다."고 말했다. 그리
고 나서 "받은 돈을 되돌려줄 수 없겠는지를 특별히 부탁한다."고 요청
했다. 피험자의 다른 3분의 1에게는 "실험자가 아니라 심리학과의 사무
직원이 다가가서 심리학과 연구기금이 거의 다 바닥났는데, 특별히 호의
를 베풀어 그 돈을 돌려줄 수 없겠느냐"고 요청했다. 마지막으로 나머지

3분의 1의 피험자들에게는 돈을 돌려 달라는 요청을 하지 않았다. 실험이 끝나고 모든 피험자들에게 질문지를 기입하게 했는데, 질문지 내에는 실험자를 평가하는 질문도 포함되어 있었다.

그 결과 실험자에게 돈을 되돌려주었던 피험자들이 그 실험자를 가장 매력적인 것으로 평가했으며, 그는 매우 점잖고 돈을 돌려받아 마땅한 사람이라고 생각하고 있었다. 피험자들은 실험자에게 어떤 식이 되었든 은혜를 베푸는 것으로 '내가 실험자에게 돈을 돌려주는 것은, 실험자가 마음에 들었기 때문이다. 실험자가 싫었다면 내가 이렇게 행동할 리가 없다'라고 생각했다는 것이다. 처음에는 별로 호의를 품지 않았던 피험자도 상대방에게 도움을 주는 행위를 통해 스스로 인식을 변화시켰다. 이러한 인식의 변화는 베푼 은혜의 크기에 비례하는 형태로 보다 강력해진 것이다.

'미운 놈 떡 하나 더 준다'는 속담은 바로 이러한 효과를 쉽게 표현한 속담이다. 지금 미운 사람이 있는가? 그렇다면 한 번 속는 셈 치고 먼저 도움을 주려고 하고 인사를 건네며 격려를 해보라. 반응이 없다고 해서 한 번 시도에 그치지 말고 계속 긍정적인 피드백을 해주자. 그럼 분명 그도 이야기 속 시어머니처럼 언젠가는 당신의 열혈 팬이 될 수 있을 것이다.

행운은 자신이 만들어 자신에게 주는 선물이다

다시 로또 이야기를 좀 해볼까 한다. 로또 1등 당첨자의 대부분은 당첨 전에 꿈을 꾸었다고 한다. 조상 중 한 분이 꿈에 나타나 "네 고생은 이제 끝났다!"는 기분 좋은 폭탄선언을 해준다거나 큰 돼지가 나오거나 황금 변을 보는 길조의 증후를 느꼈다고 한다. 그런데 또 한 가지 재미있는 사실은 복권을 꾸준히 살수록 로또에 맞을 확률은 근소하게나마 높아진다는 것이다. 실제로 당첨된 많은 사람들은 매주 복권을 산 사람들이며 그 가운데는 20년 혹은 30년 넘게 여러 종류의 복권을 구입해오다가 결국 대박을 터뜨리는 일이 꽤 많다.

실제로 한 방송프로그램에서 십여 년 동안 엄청난 수의 이벤트에 당첨이 되어왔고 지금도 계속 당첨되는 행운을 누리고 있는 한 신사 분을 소개한 적이 있다. 그는 해외여행을 이벤트 당첨으로만 십여 차례 다녀왔고, 수 십 차례 경품으로 가전제품을 받았다. 그가 집에서 사용 중인 컴퓨터, 에어컨, 김치 냉장고 등 모든 가전제품은 다 이벤트 경품 당첨으로 받은 것이라고 했다. 그리고 아직 박스를 풀지도 않은 채 쌓여 있는 각종 경품에 당첨된 물건들은 방안 한 가득 채울 정도로 엄청난 수량이었다. 그는 현금을 가지고 다니지 않고 대신 이벤트 당첨으로 받은 상품권으로 모든 결제를 할 정도였다.

그렇다면 그는 다른 사람들보다 운이 억세게 좋은 것일까? 그는 결코 아니라면서 "제가 얼마나 노력하는 줄 아십니까? 한번 지켜보시죠."라고 말했다. 실제로 그는 한 가지 이벤트에 당첨되기 위해 하루 24시간 중 14시간을 투자할 정도로 정성을 쏟았다. 꼼꼼하게 라디오 프로그램을 듣고 원하는 스타일의 사연이 무엇인지를 분석했고, 정성을 쏟아서 글을 작성했다. 그만의 경품 당첨 노하우를 담은 노트도 여러 권 있었다. 그 프로그램을 보면서 '저런 정성이니 행운도 저 분에게 감동할 수밖에 없겠구나' 하는 생각이 들수밖에 없었다.

행운은 다만 우연에 지나지 않을 뿐이라고 믿는가. 행운과 우연을 혹시 혼동하고 있지는 않은가. 우연이란 우리 주위의 두서없는 세상과 접촉할 때 일어나는 일을 뜻한다. 살면서 우리는 예상하지 못했던 많은 일을 겪게 된다. 길에서 만 원짜리 한 장을 주울 수도 있고, 누군가가 홧김에 던진 쇠망치에 맞을 수도 있다. 이런 일들은 그야말로 닥치는 대로 뜻하지 않게 일어난다. 따라서 예측하거나 대비할 수 없는 일들이다. 이런 일들은 우리 인생의 일부이기도 하다.

행운은 우연과는 다르다. 대부분의 사람들이 스스로 행운을 만드는 데 시간을 쓰지 않는 이유는 행운이 그냥 어쩌다가 찾아오는 것이라고 생각하기 때문이다. 하지만 이것이야말로 행운에 대한 오해다. 행운은 바로 자신이 만들어 자신에게 주는 선물인데 우리는 그걸 쉽게 잊을 따름이다.

운명적 만남도
노력의 결과다

"알고 보니 그 사람, 먼 친척이더라고! 거참 세상 은근히 좁아."

"그 모임에서 처음 본 친구가 글쎄 내 친구의 친구이던 걸!"

살면서 한두 번쯤 남이라고만 생각하던 사람이 사실은 자신과 꽤 가까운 친구의 지인이라거나 친척인 경우를 알게 되고 깜짝 놀라는 경험을 하게 된다.

우리나라 안에서야 이런 일이 일어날 수도 있다고 생각할지 모르지만 세계라는 세상도 생각보다 그렇게 넓지만은 않다는 이론이 있다. "세상의 어떤 사람도 보통 여섯 단계의 친구나 지인의 연쇄로 되어 있다. 그 중에서도 많은 친구나 지인의 링크를 지닌 커넥터가 네트워크상의 허브적인 존재로서 중요한 역할을 수행한다."라는 것이 바로 스몰월드 네트워크Small World Network이론이다. 한 대학 연구소가 실시한 사회 연결망Social Network 조사에서 우리나라 사람들은 평균적으로 3.6명을 거치면 모두 연결된다는 결과도 나와 있다. 그러니 '세상 참 좁다!' 라는 표현은 확실하게 사실이다.

새로운 사람을 만나고 그들과 관계를 유지해 가면서 서로 간에 도움을 주고받는 인적 네트워크, 인맥의 중요성이 부각되고 있다. 인복도 바로 인맥이라는 망을 통해 형성되는 것이 아닌가.

미국의 사회학자 그라노베터Granovetter 교수는 1973년 발표한 논문을 통해 강한 유대 관계Strong Ties를 가진 사람보다 약한 유대 관계Weak Ties를 지닌 사람에게서 보다 풍부한 정보를 얻을 수 있다는 것을 실증적으로 보여주었다. 보스턴 근교의 뉴튼 거주자 수 백 명을 대상으로 직업을 구한 경로를 조사한 결과, 자신들이 알고 있는 사람들로부터 구직에 필요한 정보를 입수한 사람들 중 30퍼센트 정도만이 가족이나 친구 등 강한 유대 관계에 있는 사람에게 도움을 받았고, 70퍼센트 정도는 친밀하지 않은 약한 유대 관계의 사람들로부터 도움을 받았다는 것이다. 그러니 세상에 소중하지 않은 관계는 없는 셈이다.

> **스몰월드 네트워크**small world network**이론** 세상의 어떤 사람도 보통 여섯 단계의 친구나 지인의 연쇄로 되어있다. 그 중에서도 많은 친구나 지인의 링크를 지닌 커넥터가 네트워크상의 허브적인 존재로서 중요한 역할을 수행한다. 한 대학 연구소가 실시한 사회 연결망Social Network 조사에서 우리나라 사람들은 평균적으로 3.6명을 거치면 모두 연결된다는 결과도 나와 있다.

살아가면서 어떤 일이 저절로 되는 법은 없다. 모든 일에는 항상 어떤 계기가 있기 마련이고 한 사건은 다음 사건의 계기가 된다. 단지 어떤 계기로 인해서 다음 일이 벌어지는지를 바로 그 당시에는 알지 못할 뿐이다.

인생에 있어 터닝 포인트가 될 사람과의 만남을 흔히 '운명적 만남'이라고 표현한다. 하지만 곰곰이 생각해본다면 그런 사람을 만나기까지 분명 다리를 놓아주는 사람들이 반드시 있었을 것이다. 따라서 모든 만남이 곧 운명적인 것이다. 그러니 어떤 만남도 소중히 생각하자. 우연한 단 한 번의 도움과 베풂이 당신을 '인복 있고 행운이 함께하는 사람'으로 만들어 줄지도 모른다.

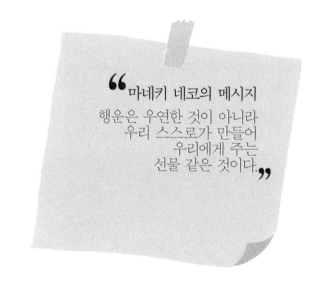

마네키 네코의 메시지
행운은 우연한 것이 아니라
우리 스스로가 만들어
우리에게 주는
선물 같은 것이다.

우리도 저지르고 있을지 모르는
돼지 엄마의 오류

아기 돼지 아홉 마리와 함께 소풍을 나간 엄마 돼지. 열심히 걷던 엄마 돼지는 문득 아기 돼지들이 모두 잘 따라오고 있는지 걱정이 밀려왔다.

"하나, 둘, 셋, 넷…어라? 아홉…. 아니 왜 아홉 마리지? 한 마리! 한 마리가 부족해!"

엄마 돼지는 계속 한 마리의 돼지가 부족하다고 생각했다. 아무리 세고 또 세보아도 처음 자신의 기억 속 열 마리와 한 마리의 차이가 나자 당황하여 어쩔 줄을 모른다. 하지만 그 차이는 바로 '엄마 돼지' 자기 자신 때문에 생긴 것이었다. 처음 출발하기 전에는 자신까지 포함시켜 숫자를 세었기에 그 후 한 마리의 차이가 났다는 사실을 까맣게 잊었던 탓이다….

이 책을 쓰면서 아주 어린 시절 읽었던 동화 속 이야기가 떠올랐다. 나또한 삶을 살아가면서 힘들 때마다 '나에 대해 이해하려 노력하고 스스로 반성을 하기보다는 다른 사람과 그저 잘 풀리지 않는 세상 탓만 했던 경우가 많았다는 생각을 했다. 자신을 포함시키지 않아 당황하는 돼지 엄마의 어리석음을 나도 가지고 있었던 것이다.

우리는 '사랑 받기 위해 태어났고, 모두 행복하게 살아가기 위해 태어난 존재'다. 그리고 자신을 사랑하는 지속적인 노력을 통해 나도 행복하고 타인도 행복하게 할 수 있다. 물론 인간관계를 슬기롭게 풀어나가는 것도 자신에 대한 사랑과 이해에서부터 시작되어야 한다.

즐거운 삶을 위한 여러 가지 방법을 알았으니 실천만이 남았다. 물론 나도 이 책에서 제시한 방법들을 모두 적용하진 못한다. 하지만 그렇다고 의기소침하지도 않는다. 우직한 실천, 지속적인 노력을 통해 언젠가는 여러 가지 방법들도 체화되어 '꽤 괜찮은 나'를 만들 수 있다는 희망을 갖고 살아간다. '계속은 힘이다Continuity is Power.'라는 말을 믿기 때문이다.

나는 소위 넓은 인맥을 자랑하는 마당발도 아니고 그렇다고 해서 사교적인 편도 아니다. 소심하고 내성적인 사람에 속한다. 항상 생각도 고민도 많고 눈물도 잘 흘린다. 하지만 이런 많은 단점에도 불구하고 내 안의 긍정성을 믿기에 수 많은 시행착오 속에서도 실망하지 않는다. 그리고 삶을 행복으로 채우려 노력한다. 사람뿐만 아니라 강아지나 고양이, 가끔은 횟집 안 수조의 생선들과도 입장 바꿔 생각해보는 터라 마음과 머릿속이 다른 사람들보다 좀 더 자주 복잡해지는 편이긴 하다. 그래도 그 덕분에 좀 더 세상을 다양한 각도에서 바라 볼 수 있게 되었고, 푸우, 딸기, 스누피 등의 '캐릭터' 그리고 '심리학적 관점의 자기사랑과 인간관계'라는 얼핏 보기에 어울리지 않는 두 가지 주제를 한 권의 책에 담게 되었다고 긍정적으로 생각한다.

이 책에 등장한 캐릭터들은 수익과 연결되는 마케팅의 도구이자 거대한 비즈니스 기회를 제공하는 역할을 한다. 하지만 처음 캐릭터에 마음을 빼앗겼던 원초적인 이유는 분명 수익성 때문이 아니었다. 그저 바라만 보아도 행복하게 만드는 매력과 더불어 그들이 내가 평소 잊고 지내던 삶의 지혜를 전달해 주었기 때문이다.

이번 개정판을 쓰면서도 건강이 좋지 않아 일상 생활에 제동이 걸렸었다. 하지만 덕분에 주어진 시간적 여유로 인해 나의 부족함을 다시 돌아볼 수 있었고 마음의 여유를 얻었다. 이렇게 한 가지의 시련 속에는 분명 교훈도 함께 들어 있다는 사실을 다시 한번 경험했다.

많이 부족한 글을 여기까지 읽어주신 독자 분들께 진심으로 감사드린다. 그리고 모든 분들이 모두 분명 자신이 바라는 인생을 힘차게 살아가리라 믿는다.

참고 문헌

- 60 Ways to Let yourself grow, Martha Mary McGaw Pauline

- Hilgard Smith Atkinson, Introduction to psychology(9th Edition), Harcourt Brace and Jovanovich Publishers, 1990

- How to make Luck, Marc Myers

- J.Jecker&D.Landy, "Liking a Person as a Function of Doing Him a Favour", Human Relations22,1969,p.371~378

- Linda Adams , Be Your Best Perigee Trade(Revised edition), October,9,1989

- Loving Yourself for Gods Sake(Spirit Life Series) Adolfo Quezada Resurrection Press

- David Augsburger, Caring Enough to Forgive(Ventura, CA: Regal Books, 1981) p.12~13

- 松浦英行,『「ツイてる人」の考え方−イヤなことをやめれば"うまくいく』,大和出版

- 齋藤 勇,『心理分析ができる本−仕事・戀愛・人間關係』, 三笠書房

- 渋谷 昌三,『どんな相手とも「いい關係」が築ける心理学−對人關係のベストポジションを掴む!』, PHP エディタ─ズグル─プ

- 佐藤 富雄,『自分を変える魔法の「口ぐせ」−夢がかなう言葉の法則』,かんき出版

- 고바야시 가오루 지음, 남상진·윤석희 공역,『맛있는 경영학』, 청림출판

- 김영민 지음,『인정의 리더십』, 라이터스

- 김우곤 지음,『NQ로 살아라』, 김영사

- 김의경 지음,『상류인생 하류인생』, 갈매나무

• 당마난다 엮음, 홍종욱 옮김, 『행복을 여는 지혜』, 지혜의나무

• 로버트 그린 지음, 강미경 옮김, 『유혹의 기술-유혹의 24가지 전략과 전술』, 이마고

• 로버트 치알디니 지음, 이현우 옮김, 『설득의 심리학 Influence』, 21세기북스

• 류석우 지음, 『살면서 반드시 넘어야할 33가지 태클』, 씨앗을뿌리는사람

• 리차드 칼슨 지음, 강정 옮김, 『사소한 것에 목숨 걸지 마라(부자되기 편)』, 도솔

• 박종하 지음, 『나는 옳다』, 엘도라도

• 소노 아야코 지음, 오경순 옮김, 『사람으로부터 편안해지는 법』, 리수

• 송운석 지음, 『인간관계의 의해』, 학현사

• 알로샤 슈바르츠 지음, 김미희 옮김, 『나무늘보의 인생콘서트』, 홍익출판사

• 앤드류 매튜스 지음, 김승욱 옮김, 『마음 가는 대로 하라2』, 루스북

• 앤소니 드 멜로 지음, 『개구리의 기도』, 분도출판사

• 양창순 지음, 『인간관계에서 진실한 마음을 얻는 법』, 랜덤하우스중앙

• 에노모토 히로아키 지음, 신정길 외 옮김, 『나를 찾아 떠나는 자기분석 여행』, 시그마북스

• 정인석 지음, 『역경의 심리학』, 나노미디어

• 존멕스웰·레스 패토트 지음, 한근태 옮김, 『작은 시작』, 다산 라이프

• 매경 Economy 3.7 No.1395 〈cover story, 인맥관리 노하우〉

• 월간 〈아이러브 캐릭터〉 2005년 2월호

• 이병주 | 2004.09.29 | 주간경제 799·800호

• 강력 추천의 사랑, 물건, 정보를 당신에게 http://gijutsu.jp/oda

CHARACTER
COACHING